新农村建设丛书 > 生产发展 / 生活富裕 / 乡风文明 / 村容整洁 / 管理民主

新农村村民参政议政

XIN NONG CUN CUN MIN CAN ZHENG YI ZHENG ZHI SHI WEN DA

卢鹤 李欣 编著

河北出版传媒集团
河北科学技术出版社

图书在版编目（CIP）数据

新农村村民参政议政知识问答 / 卢鹤，李欣编著. -- 石家庄：河北科学技术出版社，2017.4（2018.7 重印）
ISBN 978-7-5375-8285-8

Ⅰ. ①新… Ⅱ. ①卢… ②李… Ⅲ. ①农民－参政议政－中国－问题解答 Ⅳ. ① D638-44

中国版本图书馆 CIP 数据核字 (2017) 第 031320 号

新农村村民参政议政知识问答
卢 鹤 李 欣 编著

出版发行： 河北出版传媒集团 河北科学技术出版社
地　　址： 石家庄市友谊北大街 330 号（邮编：050061）
印　　刷： 天津一宸印刷有限公司
开　　本： 710mm×1000mm 1/16
印　　张： 10
字　　数： 128 千字
版　　次： 2017 年 7 月第 1 版
印　　次： 2018 年 7 月第 2 次印刷
定　　价： 32.00 元

如发现印、装质量问题，影响阅读，请与印刷厂联系调换。
厂址：天津市子牙循环经济产业园区八号路 4 号 A 区
电话：（022）28859861 邮编：301605

前 言 /Catalogue

随着农村经济的发展，人们生活水平的提高，广大农村朋友的参政议政意识日益增强。参政议政就是对政治、经济、文化和社会生活中的重要问题以及人民群众普遍关心的问题，开展调查研究，反映社情民意，进行协商讨论，并通过调研报告、提案、建议案或其他形式，向中国共产党和国家机关提出意见和建议。公民可以通过一定的途径和形式，积极参与国家政务并发表自己的意见和建议。普通人民群众、人大代表、政协委员、民主党派和人民团体的参政议政，在途径、形式、程序、方法和实际效果上有着一些差别，但是在本质和宗旨上是一致的，都是为了社会主义政治文明、物质文明、精神文明建设能持续、快速、健康发展，使参政议政主体的职能作用得到充分发挥。

为了使广大农村朋友深入了解我国的民主生活情况，更好地参政议政，我们以知识问答的形式，在书中系统地为大家介绍了我国参政议政的相关制度、政策以及农村各级参政议政的组织形式。具体来说，本书主要包括对我国的政治民主制度介绍，即人民代表大会制度、政治协商制度、民主党派参政制度以及我国的选举制度等，还包括村民及其特定群体参政议政情况，农村基层民主制度，村民自治与民主管理，以及新农村村民政治参与的机制体制建设与完善这五个方面的内容，希望能对广大农村朋友参政议政提供一些理论和实践上的帮助和建议。

由于作者水平有限,本书若有不足之处,敬请广大读者提出宝贵意见。

编　者

2015 年 10 月

目 录/Catalogue

一、我国的政治民主制度

◆ **怎样规定全国人民代表大会常务委员会的组成和任期？**

全国人民代表大会常务委员会由委员长，副委员长若干人，秘书长，委员若干人组成。全国人民代表大会常务委员会组成人员中，应当有适当名额的少数民族代表。全国人民代表大会选举并有权罢免全国人民代表大会常务委员会的组成人员。全国人民代表大会常务委员会的组成人员不得担任国家行政机关、审判机关和检察机关的职务。

全国人民代表大会常务委员会每届任期同全国人民代表大会每届任期相同，它行使职权到下届全国人民代表大会选出新的常务委员会为止。委员长、副委员长连续任职不得超过两届。

◆ **全国人民代表大会常务委员会有哪些权利？**

全国人民代表大会常务委员会行使下列职权：

（1）解释宪法，监督宪法的实施。

（2）制定和修改除应当由全国人民代表大会制定的法律以外的其他

法律。

（3）在全国人民代表大会闭会期间，对全国人民代表大会制定的法律进行部分补充和修改，但是不得同该法律的基本原则相抵触。

（4）解释法律。

（5）在全国人民代表大会闭会期间，审查和批准国民经济和社会发展计划、国家预算在执行过程中所必须做的部分调整方案。

（6）监督国务院、中央军事委员会、最高人民法院和最高人民检察院的工作。

（7）撤销国务院制定的同宪法、法律相抵触的行政法规、决定和命令。

（8）撤销省、自治区、直辖市国家权力机关制定的同宪法、法律和行政法规相抵触的地方性法规和决议。

（9）在全国人民代表大会闭会期间，根据国务院总理的提名，决定部长、委员会主任、审计长、秘书长的人选。

（10）在全国人民代表大会闭会期间，根据中央军事委员会主席的提名，决定中央军事委员会其他组成人员的人选。

（11）根据最高人民法院院长的提请，任免最高人民法院副院长、审判员、审判委员会委员和军事法院院长。

（12）根据最高人民检察院检察长的提请，任免最高人民检察院副检察长、检察员、检察委员会委员和军事检察院检察长，并且批准省、自治区、直辖市的人民检察院检察长的任免。

（13）决定驻外全权代表的任免。

（14）决定同外国缔结的条约和重要协定的批准和废除。

（15）规定军人和外交人员的衔级制度和其他专门衔级制度。

（16）规定和决定授予国家的勋章和荣誉称号。

（17）决定特赦。

（18）在全国人民代表大会闭会期间，如果遇到国家遭受武装侵犯或者必须履行国际间共同防止侵略的条约的情况，决定战争状态的宣布。

（19）决定全国总动员或者局部动员。

（20）决定全国或者个别省、自治区、直辖市的戒严。

（21）全国人民代表大会授予的其他职权。

◆ 全国人民代表大会常务委员会的日常工作由谁负责?

全国人民代表大会常务委员会委员长主持全国人民代表大会常务委员会的工作，召开全国人民代表大会常务委员会会议。副委员长、秘书长协助委员长工作。委员长、副委员长、秘书长组成委员长会议，处理全国人民代表大会常务委员会的重要日常工作。

◆ 全国人民代表大会常务委员会有哪些下设机构?

全国人民代表大会常务委员会设立代表资格审查委员会，专门审查补选的本届全国人大代表和新选出的下届全国人大代表的资格。代表资格审查委员会由主任委员、副主任委员若干人、委员若干人组成，由全国人大常委会的委员长会议在常委会组成人员中提名，由常委会全体会议通过。

全国人民代表大会设立专门委员会。各专门委员会在全国人民代表大会和全国人民代表大会常务委员会领导下，研究、审议和拟订有关议案。在全国人民代表大会闭会期间，各专门委员会受全国人民代表大会常务委员会的领导。如第九届全国人大设立了民族、法律、财政经济、教育科学文化卫生、外事、华侨、内务司法、环境与资源保护以及农业与农村共9个专门委员会。各专门委员会的主任委员一般由副委员长或人大常委会委员担任。

全国人民代表大会和全国人民代表大会常务委员会认为必要的时候，可以组织关于特定问题的调查委员会，并且根据调查委员会的报告，做出相应的决议。

◆ 哪些地区需要设立地方各级人民代表大会及其常务委员会?

省、直辖市、自治区、县、市、市辖区、乡、民族乡、镇设立人民代表大会，县级以上的地方各级人民代表大会设立常务委员会。

◆ 怎样规定地方各级人民代表大会的任期?

中华人民共和国宪法第九十八条规定，地方各级人民代表大会每届任期5年。

◆ 地方各级人民代表大会有哪些权利?

地方各级人民代表大会在本行政区域内，保证宪法、法律、行政法规的遵守和执行；依照法律规定的权限，通过和发布决议，审查和决定地方的经济建设、文化建设和公共事业建设的计划。

县级以上的地方各级人民代表大会审查和批准本行政区域内的国民经济和社会发展计划、预算以及它们的执行情况的报告；有权改变或者撤销本级人民代表大会常务委员会不适当的决定。

省、自治区、直辖市，省、自治区所在地的市和经国务院批准的较大的市的人民代表大会，有权根据本行政区域政治、经济、文化等特点，制定地方性法规。

地方各级人民代表大会分别选举并且有权罢免本级人民政府的省长和副省长、市长和副市长、县长和副县长、区长和副区长、乡长和副乡长、镇长和副镇长。

县级以上的地方各级人民代表大会选举并且有权罢免本级人民法院院长和本级人民检察院检察长。选出或者罢免人民检察院检察长，须报上级人民检察院检察长提请该级人民代表大会常务委员会批准。

◆ 怎样规定地方各级人民代表大会常务委员会的组成和职权?

县级以上的地方各级人民代表大会常务委员会由主任、副主任若干人和委员若干人组成，对本级人民代表大会负责并报告工作。县级以上的地方各级人民代表大会选举并有权罢免本级人民代表大会常务委员会的组成人员。县级以上的地方各级人民代表大会常务委员会的组成人员不得担任国家行政机关、审判机关和检察机关的职务。

县级以上的地方各级人民代表大会常务委员会讨论、决定本行政区域内各方面工作的重大事项；监督本级人民政府、人民法院和人民检察院的工作；撤销本级人民政府的不适当的决定和命令；撤销下一级人民代表大会的不适当的决议；依照法律规定的权限决定国家机关工作人员的任免；在本级人民代表大会闭会期间，罢免和补选上一级人民代表大会的个别代表。

省、自治区、直辖市，省、自治区所在地的市和经国务院批准的较大的市的人民代表大会常务委员会，在本级人民代表大会闭会期间，有权根据本行政区域政治、经济、文化等特点，制定地方性法规。

怎样规定乡、民族乡、镇人民代表大会的组成及任期?

乡、民族乡、镇人民代表大会每届任期5年，设主席团、主席、副主席，由主席团负责召集代表大会会议。

◆ 乡、民族乡、镇人民代表大会有哪些权利?

（1）重大事项的审议、决定权。乡、民族乡、镇人大根据国家计划决定本行政区的经济、文化事业和公共事业的建设计划；审查和批准本行政区域的财政预算及执行情况的报告；决定本行政区域的民政工作实施计划等。

（2）选举和任免、罢免权。乡、民族乡、镇人大有权选举或罢免乡长、副乡长、镇长、副镇长。乡长、副乡长、镇长、副镇长的候选人由乡镇人民代表大会主席团或10名以上代表联名提出。乡、民族乡、镇人大代表大会开会时，主席团或1/5以上的乡、镇人民代表大会的代表联名，可以提出对上述人员的罢免案。罢免案由主席团提请大会审议。选举一律采用无记名投票方式。

（3）监督权。乡、民族乡、镇人大审议乡、民族乡、镇政府的工作报告，撤销其不适当的决定、命令，有权罢免、撤销乡、民族乡、镇政府组成人员的职务。

◆ 人民代表大会的代表是怎样产生的？

全国人民代表大会的代表由省、自治区、直辖市人民代表大会和军队选举产生。省、直辖市、自治区、设区的市的人民代表大会代表由下一级的人民代表大会选举。县、不设区的市、市辖区、乡、民族乡、镇的人民代表大会代表由选民直接选举。

◆ 人民代表大会代表有哪些权利？

（1）会内职权：①提出议案权；②提出建议、批评、意见的权利；③选举和决定任命的投票权；④审议权；⑤提出人事罢免案的权利；⑥提出质询案和进行询问的权利；⑦调查提议权；⑧表决权；⑨免责权。

（2）会外职权：①与原选举单位保持联系权；②视察权；③召集临时会议的提议权；④其他会议的列席权；⑤参加特定问题调查委员会的权利；⑥原选举单位人大和人大常委会会议的列席权；⑦人身特别保护权；⑧代表特权。

◆ 人民代表大会制度有什么好处？

人民代表大会制度是适合我国国情的根本政治制度，它直接体现我国人民民主专政的国家性质，是建立我国其他国家管理制度的基础。

第一，它有利于保证国家权力体现人民的意志。人民不仅有权选择自己的代表，随时向代表反映自己的要求和意见，而且对代表有权监督，有权依法撤换或罢免那些不称职的代表。

第二，有利于保证中央和地方的国家权力的统一。在国家事务中，凡属全国性的、需要在全国范围内做出统一决定的重大问题，都由中央决定；属于地方性问题，则由地方根据中央的方针因地制宜地处理。这既保证了中央集中统一的领导，又发挥了地方的积极性和创造性，使中央和地方形成坚强的统一整体。

第三，有利于保证我国各民族的平等和团结。依照宪法和法律规定，在各级人民代表大会中，都有适当名额的少数民族代表；在少数民族聚集地区实行民族区域自治，设立自治机关，使少数民族能管理本地区、本民族的内部事务。

总之，我国人民代表大会制度，能够确保国家权利掌握在人民手中，符合人民当家做主的宗旨，适合我国的国情。

◆ 什么是人民政治协商会议？

中国人民政治协商会议是中国人民爱国统一战线的组织，是中国共产党领导的多党合作和政治协商的重要机构，是我国政治生活中发扬社会主义民主的重要形式。

中国共产党领导的多党合作和政治协商制度是我国的一项基本政治制度。中国人民政治协商会议根据中国共产党同各民主党派和无党派人士“长期共存、互相监督、肝胆相照、荣辱与共”的方针，促进参加中国人民政治协商会议的各党派、无党派人士的团结合作，充分体现和发挥我国社会主义政党制度的特点和优势。中国人民政治协商会议的一切活动以中华人民共和国宪法为根本的准则。中国人民政治协商会议全国委员会和地方委员会，依法维护其参加单位和个人按照本章程履行职责的权利。中国人民政治协商会议全国委员会和地方委员会，按照中国人民政治协商会议章程进行工作。

◆ 人民政治协商会议的主题和主要职能是什么？

团结和民主是中国人民政治协商会议的两大主题。中国人民政治协商会议全国委员会和地方委员会的主要职能是政治协商、民主监督、参政议政。

◆ **什么是政治协商？**

政治协商是对国家和地方的大政方针以及政治、经济、文化和社会生活中的重要问题在决策之前进行协商和就决策执行过程中的重要问题进行协商。中国人民政治协商会议全国委员会和地方委员会可根据中国共产党、人民代表大会常务委员会、人民政府、民主党派、人民团体的提议，举行由各党派、团体的负责人和各族各界人士的代表参加的会议，进行协商，亦可建议上列单位将有关重要问题提交协商。

◆ **什么是民主监督？**

民主监督是对国家宪法、法律和法规的实施，重大方针政策的贯彻执行、国家机关及其工作人员的工作，通过建议和批评进行监督。

◆ **什么是参政议政？**

参政议政是对政治、经济、文化和社会生活中的重要问题以及人民群众普遍关心的问题，开展调查研究，反映社情民意，进行协商讨论。通过调研报告、提案、建议案或其他形式，向中国共产党和国家机关提出意见和建议。

◆ **人民政协参政议政的性质是什么？**

参政议政是政治协商、民主监督的拓展和延伸。人民政协的参政议政与政治协商、民主监督是一致的。参政议政的主要内容和基本特征就是政治协商、民主监督。同时，参政议政又不简单地等同于政治协商和民主监督，而是它的拓展和延伸。

◆ 人民政协参政议政职能的内容和形式有哪些？

参政议政内容丰富，形式多样。一般说来，政治协商、民主监督以国家和地方大政方针、重大问题为中心议题，以各级领导机关为对象，以会议为主要形式，并依据一定的程序和规则进行。参政议政则不完全受上述条件局限，它的对象更加广泛，内容更加丰富，形式更加多样，方法更加灵活。除政治协商、民主监督的内容与形式之外，还包括：选择人民群众关注、党政部门重视、政协有条件做的课题，组织调查和研究，积极主动地向党政领导机关提出建设性的意见；通过多种方式，广开言路，广开才路，充分发挥委员专长和作用，为改革开放和社会主义现代化建设献计献策；广泛参与政治、经济、文化和社会活动，对一些共同关心的事项开展评议等等。

各地政协在组织各党派、团体和各界人士参政议政的实践中，总结和坚持了一些行之有效的活动形式，比如：通过新闻媒介表达委员参政议政的意见；举办委员活动日，增加参政议政的内容；举办各种形式的座谈、学习、纪念、联谊等活动，沟通情况，加深友谊，调动政协委员知情出力、参政议政的积极性，自觉主动地反映情况和意见；开展引进项目、技术、资金和提供信息、扶贫支边等出实招、献良策、办实事活动等。

◆ 人民政协履行参政议政职能的原则是什么？

人民政协的主要工作是履行职能。多年来，各级政协在总结长期实践经验的过程中，逐渐明确了履行职能必须把握的一些重要原则。

（1）必须坚持中国共产党的领导。参加政协的各民主党派、各人民团体及各族各界人士，在任何条件下都不是西方多党制下的那种反对党或反对派，不论是建言献策还是批评监督，都要有助于加强和改善中国共产党的领导。

（2）必须服从和服务于国家的大局。人民政协的所有活动都要有利于促进改革开放和现代化建设，有利于维护安定团结的政治局面。

（3）必须注意从实际出发。中国是一个大国，经济文化相对落后，各地情况千差万别，政协履行职能的各项活动都要实事求是，循序渐进。

（4）必须密切同有关部门的配合。政协是我国政治体制中的重要组成部分，履行职能涉及方方面面，要加强协调，主动争取各方面的支持。

认真把握上述四项原则，人民政协的各项工作就能做到尽职而不越位、帮忙而不添乱、切实而不表面。

◆ 人民政协全国委员和地方委员有哪些工作职责？

中国人民政治协商会议全国委员会和地方委员会组织委员视察、参观和调查，了解情况，就各项事业和群众生活的重要问题进行研究，通过建议案、提案和其他形式向国家机关和其他有关组织提出建议和批评。

中国人民政治协商会议全国委员会和地方委员会宣传和参与贯彻执行国家关于统一祖国的方针政策，积极开展同台湾同胞和各界人士的联系，促进祖国统一大业的实现。加强同香港特别行政区同胞、澳门特别行政区同胞的联系和团结，鼓励他们为保持港澳地区的繁荣和稳定，为建设祖国和统一祖国做出贡献。

中国人民政治协商会议全国委员会和地方委员会宣传和协助贯彻执行国家的人才强国战略和知识分子政策，尊重劳动、尊重知识、尊重人才、尊重创造，以利于充分发挥各类人才和知识分子在社会主义现代化建设中的作用。

中国人民政治协商会议全国委员会和地方委员会宣传和协助贯彻执行国家的民族政策，反映少数民族的意见和要求，为发展少数民族地区的经济、文化，维护少数民族的合法权利和利益，坚持和完善民族区域自治制度，巩固和发展平等团结互助的社会主义民族关系，促进各民族共同繁荣进步，增进各族人民的大团结和维护祖国的统一贡献力量。

中国人民政治协商会议全国委员会和地方委员会宣传和协助贯彻执行国家的宗教信仰自由政策，支持政府依法管理宗教事务，坚持独立自主自办的原则，积极引导宗教与社会主义社会相适应，团结宗教界爱国人士和宗教信仰者为祖国的建设和统一贡献力量。

中国人民政治协商会议全国委员会和地方委员会宣传和协助贯彻执行国家的侨务政策，加强同归侨、侨眷和海外侨胞的联系和团结，鼓励他们为祖国的建设事业和统一祖国的大业做出贡献。

中国人民政治协商会议全国委员会和地方委员会宣传和协助贯彻执行国家的外交政策，根据具体情况，积极主动地开展人民外交活动，加强同各国人民的友好往来和合作。

中国人民政治协商会议全国委员会和地方委员会贯彻依法治国方略，宣传和执行国家的宪法、法律、法规和各项方针、政策，推动社会力量积极参加社会主义物质文明、政治文明和精神文明的建设事业。

中国人民政治协商会议全国委员会和地方委员会密切联系各方面人士，反映他们及其所联系的群众的意见和要求，对国家机关和国家工作人员的工作提出建议和批评，协助国家机关进行机构改革和体制改革，改进工作，提高工作效率，克服官僚主义，加强廉政建设。

中国人民政治协商会议全国委员会和地方委员会调整和处理统一战线各方面的关系和中国人民政治协商会议内部合作的重要事项。

◆ 怎样规定人民政协全国委员会的组成和任期？

每届中国人民政治协商会议全国委员会的参加单位、委员名额和人选，由上届全国委员会常务委员会协商决定。每届全国委员会任期内，有必要增加或者变更参加单位、委员名额和决定人选时，由本届常务委员会协商决定。

中国人民政治协商会议全国委员会每届任期 5 年。如遇非常情况，由常务委员会以全体组成人员的 2/3 以上的多数通过，可以延长任期。中国人民政治协商会议全国委员会设主席、副主席若干人和秘书长。中国人民政治协商会议全国委员会全体会议每年举行一次。常务委员会认为必要时，可以临时召集之。

中国人民政治协商会议全国委员会设副秘书长若干人，协助秘书长进行工作。设立办公厅，在秘书长领导下进行工作。中国人民政治协商会议全国委员会根据工作需要，设立若干专门委员会及其他工作机构，由常务委员会决定。

◆ 人民政协全国委员会有哪些权利？

人民政协全国委员会常务委员会行使下列职权：①修改中国人民政治协商会议章程，监督章程的实施；②选举全国委员会的主席、副主席、秘书长和常务委员；③听取和审议常务委员会的工作报告；④讨论本会重大工作方针、任务并做出决议；⑤参与对国家大政方针的讨论，提出建议和批评。

◆ 人民政协全国委员会在设立常务委员会时有哪些规定？

中国人民政治协商会议全国委员会设常务委员会主持会务。常务委员会由全国委员会主席、副主席、秘书长和常务委员组成，其候选人由参加中国人民政治协商会议全国委员会的各党派、团体、各民族和各界人士协商提名，经全国委员会全体会议选举产生。

中国人民政治协商会议全国委员会主席主持常务委员会的工作。副主席、秘书长协助主席工作。主席、副主席、秘书长组成主席会议，处理常务委员会的重要日常工作。

◆ 人民政协全国委员会常务委员会可以行使哪些职权?

人民政协全国委员会常务委员会行使下列职权：①解释中国人民政治协商会议章程，监督章程的实施；②召集并主持中国人民政治协商会议全国委员会全体会议；每届第一次全体会议由会议选举主席团主持；③组织实现中国人民政治协商会议章程规定的任务；④执行全国委员会全体会议的决议；⑤全国委员会全体会议闭会期间，审查通过提交全国人民代表大会及其常务委员会或国务院的重要建议案；⑥根据秘书长的提议，任免中国人民政治协商会议全国委员会副秘书长；⑦决定中国人民政治协商会议全国委员会工作机构的设置和变动，并任免其领导成员。

◆ 人民政协地方委员会的组成和任期有哪些规定?

省、自治区、直辖市设中国人民政治协商会议的省、自治区、直辖市委员会；自治州、设区的市、县、自治县、不设区的市和市辖区，凡有条件的地方，均可设立中国人民政治协商会议各地方的地方委员会。每届中国人民政治协商会议地方委员会的参加单位、委员名额和人选及界别设置，经上届地方委员会主席会议审议同意后，由常务委员会协商决定。每届地方委员会任期内，如有必要增加或者变更参加单位、委员名额和决定人选，经本届地方委员会主席会议审议同意后，由常务委员会协商决定。

中国人民政治协商会议的省、自治区、直辖市、自治州、设区的市、县、自治县、不设区的市和市辖区的地方委员会每届任期 5 年。中国人民政治协商会议各级地方委员会设主席，副主席若干人和秘书长。中国人民政治协商会议各级地方委员会的全体会议每年至少举行一次。

◆ 人民政协各级地方委员会全体会议有哪些权利？

中国人民政治协商会议各级地方委员会全体会议行使下列职权：①选举地方委员会的主席、副主席、秘书长和常务委员；②听取和审议常务委员会的工作报告；③讨论并通过有关的决议；④参与对国家和地方事务的重要问题的讨论，提出建议和批评。

◆ 怎样规定人民政协地方委员会常务委员会的组成和任期？

中国人民政治协商会议各级地方委员会设常务委员会主持会务。常务委员会由地方委员会主席、副主席、秘书长和常务委员组成，其候选人由参加各地方委员会的各党派、团体、各民族和各界人士协商提名，经全体会议选举产生。

中国人民政治协商会议各级地方委员会的主席主持常务委员会的工作。副主席、秘书长协助主席工作。主席、副主席、秘书长组成主席会议，处理常务委员会的重要日常工作。主席会议受常务委员会的委托，主持下一届第一次全体会议预备会议。各级地方委员会可以按照需要设副秘书长一人至数人，协助秘书长进行工作。

省、自治区、直辖市的地方委员会设立办公厅，专门委员会及其他工作机构的设置，按照当地实际情况和工作需要，由常务委员会决定。自治州、设区的市、县、自治县、不设区的市和市辖区的地方委员会的工作机构的设置，按照当地实际情况和工作需要，由常务委员会决定。

◆ 人民政协地方委员会常务委员会有哪些权利？

中国人民政治协商会议地方委员会常务委员会行使下列职权：

（1）召开并主持地方委员会全体会议；每届第一次全体会议前召开全体委员参加的预备会议，选举第一次全体会议主席团，由主席团主持第一次全体会议。

（2）组织实现中国人民政治协商会议章程规定的任务和全国委员会所做的全国性的决议以及上级地方委员会所做的全地区性的决议。

（3）执行地方委员会全体会议的决议。

（4）地方委员会全体会议闭会期间，审议通过提交同级地方人民代表大会及其常务委员会或人民政府的重要建议案。

（5）根据秘书长的提议，任免地方委员会的副秘书长。

（6）决定地方委员会工作机构的设置和变动，并任免其领导成员。

◆ 人民政协怎样通过会议开展工作？

会议是政协履行职能的主要形式。人民政协全国委员会的主要会议制度有：全体会议制度、常委会议制度、主席会议制度以及秘书长会议制度、专门委员会会议制度等。此外，还根据需要召开各种形式的协商座谈会、论证会、意见听取会等。

全体会议是政协最高层次的协商形式。全国委员会的全体会议每年举行一次，一般在每年3月与全国人民代表大会同期召开。全国委员会全体会议协商讨论的主要内容有：政府工作报告、国家计划和预算报告、最高人民法院工作报告、最高人民检察院工作报告以及其他重要报告，审议全国政协常委会工作报告、提案工作情况的报告等。

常委会议是全体会议闭会期间的主要协商形式。全国政协常委会议一般每年召开4次，主要任务有：听取中共中央、国务院负责人的重要报告；讨论国家重大方针政策以及国计民生的重要问题；审议重要的建议案、提案和调研报告；研究政协工作中的重要事务等。

主席会议是常委会议闭会期间的重要协商形式。其主要任务有：讨论国家重大方针政策以及群众关心的重要问题；审查以全国委员会或常务委员会名义向中共中央、国务院提出的重要建议案；拟定常委会议的日程和议程草案；审议提交常委会议的文件；执行常委会的决议，处理常委会的重要日常工作等。

◆ 人民政协怎样通过提案开展工作？

提案是政协委员、参加政协的党派团体和政协专门委员会向政协全体会议或常务委员会提出的、经审查立案后由承办单位办理的书面意见和建议。提案的提出一般有四种形式：一是政协委员可以个人或者联名方式提出提案。二是政协全体委员会议期间可以个别小组或者联组名义提出提案。三是参加政协的各党派和人民团体，可以本党派、团体名义或者联名方式提出提案。四是政协各专门委员会可以本专门委员会名义或者联名方式提出提案。对政协提案，承办单位按照有关规定认真办理后，在一定时限内给予书面答复，全国政协采取多种方式督办。

◆ 人民政协怎样通过视察开展工作？

视察是政协委员履行职能的一项基础性工作，是委员了解情况、检查工作、研究问题、议政建言的重要途径，是委员行使民主权利、开展民主监督的重要渠道。全国政协每年都围绕国家的中心工作，有计划地组织政协委员深入各地开展视察活动。

◆ 人民政协怎样通过专题调研开展工作？

开展专题调研、建言立论，是政协发挥优势参与国是的重要途径。专题调研一般以专委会为依托，以课题为纽带，联合、组织各行各业的专家学者，围绕国家的中心工作，有重点地进行调查研究，提出切实中肯的意见和建议，推动社会主义物质文明、政治文明和精神文明协调发展。

◆ 人民政协是怎样反映社情民意的？

了解和反映社情民意是政协履行职能的重要基础和关键环节。人民政协要求政协委员同各方面群众保持密切的联系，广泛、及时地反映社会的事实情况和群众的意见呼声，为各级领导机关把握形势、正确决策提供重要依据，并推动一些实际问题的解决。

◆ 人民政协在促进祖国统一方面做了哪些工作？

中国政协坚定不移地贯彻“和平统一、一国两制”的方针，加强与有关单位的协调和配合，拓展与港澳台侨各界人士的联系渠道，广泛开展各种形式的联谊活动，努力团结港澳台侨各界人士，为实现祖国的完全统一做出贡献。

◆ 人民政协在开展对外交往方面做了哪些工作?

中国政协的对外交往是中国总体外交的重要组成部分。人民政协立足于国家外交大局，致力于加强同世界各国的友好往来与交流合作，维护世界和平、促进共同发展。截至2003年年底，全国政协已经与世界上101个国家的170个机构、8个国际性组织或地区性组织开展了友好交往。

◆ 各民主党派应该树立什么样的参政意识?

一是在任何情况下，都要坚定不移地坚持中共的领导，拥戴中共执政党的地位，不允许以任何方式反对中共的领导，动摇中共执政党的地位。二是民主党派享有宪法规定的权利和义务范围内的政治自由、组织独立和法律地位平等，必须在法律规定的范围内活动，不允许有违反宪法和法律规定的行为。三是民主党派要以高度的政治责任感，积极主动参政议政。

我国正进行着治理整顿和改革开放，共产党渴求着决策的科学化、民主化，渴求着减少工作上的失误。作为共产党领导的多党合作中的民主党派，应该强化政党意识，发挥群体智能，在坚持四项基本原则的前提下，在宪法规定的范围内，关心国家大事，为社会主义的现代化建设事业出谋划策，参加国家和社会事务的管理。

◆ 为什么说民主党派既不是执政党，也不是在野党?

在西方资本主义国家，通过定期的议会选举或总统选举获胜的政党组织政府，成为执政党，失败的政党即成为在野党。我国实行的是人民代表大会制度，和西方资本主义国家的政治制度有根本的区别，不存在西方意义上的执政党和在野党。

作为民主党派，在我国没有领导和执掌国家政权，显然不是执政党。第一，我国的民主党派从来就未形成单一阶级的政党，而是阶级政治联盟性质的政党。我国大陆现有的八个民主党派，成立时的社会基础主要是民族资产阶级、城市小资产阶级和与之联系的知识分子和其他爱国民主人士，囿于阶级的局限性，这些党派没有也不可能成为领导力量。随着社会阶级关系的变化，用邓小平同志的话讲，“现在它们都已经成为各自所联系的一部分社会主义劳动者和一部分拥护社会主义的爱国者的政治联盟，都是在中国共产党领导下为社会主义服务的政治力量”。第二，中国共产党和各民主党派之间的关系是领导与被领导的亲密友党关系。各民主党派在新民主主义革命时期和社会主义革命与建设时期，一直是中国共产党的同盟者和合作者，自愿地拥护中共的领导，承认中共执政党的地位。

民主党派不是执政党，但也不是在野党。第一，我国是人民民主专政的社会主义国家，其本质和核心是人民当家做主。作为联系着一部分社会主义劳动者和一部分拥护社会主义的爱国者的民主党派，同中国共产党一样享有宪法赋予的权利和义务，既可以以党派的名义参加国家社会事务的管理，其成员也享有各项法定的公民权利、管理国家和企事业的权利。第二，在人民代表大会这一国家最高权力机关中，民主党派一直占有相当大的比重。第一届全国人大民主党派的副委员长 7 人，占 64%，七届人大 8 人，占 47%，地方人大也配有一定数量的副主任，各级政府也有民主党派人士担任领导干部。可见，我国的民主党派和西方的所谓在野党具有本质上的区别。

◆ 怎样理解我国的民主党派的参政党地位？

《中共中央意见》明确指出，民主党派“参加国家政权，参与国家大政方针和国家领导人选的协商，参与国家事务的管理，参与国家方针、政策、法律、法规的制定执行”。我国实行的共产党领导的多党合作的政党体制，是在长期的革命历史中形成的，是我国政治制度的一个特点和优点。

第一，民主党派大都是从建立起就参加了中国共产党领导的革命统一战线，和中共长期合作，同舟共济，经受了各种严峻考验。第二，中共的领导是政治方向和政治原则的领导，各民主党派可以在遵守宪法和法律的基础上，在坚持根本利益一致的前提下，以政党的身份对中共和国家的方针、政策及各项工作提出意见、批评和建议，参与国家大政方针和社会生活重大问题的协商讨论和决策过程，而且民主党派的意见对中共和国家制定方针、政策，改进工作也起着积极的影响作用，为我国的社会主义革命和建设事业健康生活做出了应有的贡献。我国民主党派作为参政党，既不同于某些资本主义国家几个政党所组成的联合政府，也不同于东欧一些国家的多党联合执政。其本质区别在于，我国的民主党派和中共有共同的政治主张、奋斗目标，能够荣辱与共、肝胆相照，而某些资本主义国家的政党各有各的纲领和目标，只是为了一时的政治需要暂时联合，东欧一些国家的政党也是没有共同的政治纲领，并且在议会各有各的“议会党团”。

◆ 怎样搞好民主党派在参政议政过程中的自身建设？

首先，要加强民主党派的思想建设。要经常组织成员学习马克思主义的基础理论，提高用马克思主义的基本观点和方法观察问题、解决问题的能力。要认真学习《中共中央关于坚持和完善中国共产党领导的多党合作和政治协商制度的意见》，学习中共关于爱国统一战线的理论，学习民主党派成长发展和与中共合作共事的光荣历史，继续发扬共产党领导的多党合作的优良传统，在爱国统一战线中发挥应有的作用。同时，还要从实际出发，注意解决各种思想问题，要消除民主党派成员的思想疑虑，尤其要消除资产阶级自由化思想的影响，鼓励他们本着肝胆相照的态度和实事求是的原则，热情坦诚地向各级党政部门尽倾肺腑之言，反映各界人士的要求和呼声。

其次，要搞好民主党派的组织建设。中共对民主党派的领导是政治原则和政治方向的领导，民主党派有相对的独立性，享有宪法规定的权利和义务范围内的政治自由、组织独立和法律平等。这就要求民主党派增强政党意识，加强组织建设。要坚持巩固、提高的方针，按照党派章程的规定发展组织，在遵从个人志愿的前提下，将那些有一定代表性的人士吸收到各自组织中来，严格把好质量关。要在坚持根本纲领一致的前提下，加强纲领建设，因为“纲领对于政党的团结一致、始终一贯的活动有重大意义”，从而恰当而真实地体现出本党派的具体利益和要求，使党派成为“一面公开树立起来的旗帜”。各民主党派还要建立正常的工作秩序，加强组织纪律性，经常开展活动，不断提高组织素质。

◆ 新时期民主党派在履行参政党职能方面面临着哪些新挑战？

（1）民主党派在参政议政中作为“人才库”、“智囊团”的优势，在新世纪、新阶段面临新的挑战。改革开放以来，特别是随着中共领导干部知识化、年轻化的推进，大批高文化、高智能结构的人才进入党和政府的决策层，党政决策的科学含量和知识含量在不断提高，这使得民主党派依靠人才、智力密集的特点发挥参政议政作用的优势受到挑战，加大了参政议政的困难。

（2）民主党派依靠在社会上有重大影响的旗帜性人物参政议政的优势开始面临新的挑战。作为在民主革命时期就与中共风雨同舟，并肩战斗的民主党派，先后涌现了一大批在社会上有重大政治影响、且为中共高层领导信赖的旗帜性人物。随着这些旗帜性人物的谢世，民主党派依靠他们在参政议政中发挥作用的优势也受到很大的影响。

（3）当前国际国内形势变数太大，发展太快，加大了人们认识和把握社会发展大势的困难，这使得相当一部分主要在专业上见长的民主党派成员参政议政遇到了新的挑战。

（4）近些年来，民主党派组织发展步伐加快，使来自社会上各个阶层的人员进入各个党派，相当一部分党派成员缺乏应有的政治素养。缺乏相应的政治阅历，这也使民主党派发挥参政党作用受到很大制约。

◆ **面对新挑战，民主党派必须提高哪些方面的能力和素质？**

一是打造自己的理论功力，培育洞察事物本质和把握社会发展规律的素质。任何一个有作为的政党，都必须有一大批理论上成熟、能够洞察社会本质和把握社会发展规律的成员。马列主义、毛泽东思想、邓小平理论、“三个代表”重要思想和科学发展观，既是新时期中共的基本理论旗帜，也是民主党派的理论旗帜。

二是打造自己的政治感召力，培育鉴别是非和把握前进方面的政治素质。首先要坚定接受中国共产党领导的政治立场，在政治方向上与中共保持高度一致；其次要增强政治鉴别力，在复杂多变的国际政治环境和国内社会矛盾面前，始终保持清醒的政治头脑；再次要保持正确的政治方向，在大是大非面前把握好前进方向。

三是打造自己的社会影响力，培育参与国事和履行职责的社会活动家素质。把追求社会进步和实现民族振兴视为己任，在为国家富强和人民幸福的不懈奋斗中，打造自己的社会影响力。要把自己的命运紧紧系于国家和民族的大业上，竭诚参政议政，围绕党和政府决策的难点、人民群众关注的热点、社会矛盾的焦点、有关部门忽视的冷点，深入调查研究，悉心建言献策，时刻把民生疾苦放在心上，在为民谋利、为国谋事中培养社会活动家的素质。

四是打造自己的人格魅力，培育荣辱坦然和甘于奉献的品格素质。打造自己的人格魅力，关键是加强个人的思想品德修养，在市场经济大潮和喧嚣的社会环境中保持高尚的道德操守；还要在自己所工作的专业领域，努力成为有作为、有成就、有影响和受人尊敬的人。

◆ 什么是《选举法》？

《选举法》是中国政府制定的由广大人民群众选举代表参政议政的法律。该法律制定于 1953 年，1979 年重新修订，其后经过 1982 年、1986 年、1995 年和 2004 年四次修改，2009 年制定了《选举法（修正案）》草案。并于 2010 年 3 月 15 日，在十一届全国人大三次会议上表决通过。

◆ 我国不同地区级别的选举方式有哪些？

全国人民代表大会的代表，省、自治区、直辖市、设区的市、自治州的人民代表大会的代表，由下一级人民代表大会选举。不设区的市、市辖区、县、自治县、乡、民族乡、镇的人民代表大会的代表，由选民直接选举。

◆ 在我国哪些公民具有选举权和被选举权？

中华人民共和国年满18周岁的公民，不分民族、种族、性别、职业、家庭出身、宗教信仰、教育程度、财产状况和居住期限，都有选举权和被选举权。依照法律被剥夺政治权利的人没有选举权和被选举权。每一选民在一次选举中只有一个投票权。人民解放军单独进行选举，选举办法另订。

全国人民代表大会和地方各级人民代表大会的代表应当具有广泛的代表性，应当有适当数量的基层代表，特别是工人、农民和知识分子代表；应当有适当数量的妇女代表，并逐步提高妇女代表的比例。全国人民代表大会和归侨人数较多地区的地方人民代表大会，应当有适当名额的归侨代表。旅居国外的中华人民共和国公民在县级以下人民代表大会代表选举期间在国内的，可以参加原籍地或者出国前居住地的选举。

◆ 《选举法》中对选举经费是怎样规定的？

全国人民代表大会和地方各级人民代表大会的选举经费，列入财政预算，由国库开支。

◆ 我国的选举机构有哪些？

全国人民代表大会常务委员会主持全国人民代表大会代表的选举。省、自治区、直辖市、设区的市、自治州的人民代表大会常务委员会主持本级人民代表大会代表的选举。不设区的市、市辖区、县、自治县、乡、民族乡、镇设立选举委员会，主持本级人民代表大会代表的选举。不设区的市、市辖区、县、自治县的选举委员会受本级人民代表大会常务委员会的领导。乡、民族乡、镇的选举委员会受不设区的市、市辖区、县、自治县的人民代表大会常务委员会的领导。省、自治区、直辖市、设区的市、自治州的人民代表大会常务委员会指导本行政区域内县级以下人民代表大会代表的选举工作。

不设区的市、市辖区、县、自治县的选举委员会的组成人员由本级人民代表大会常务委员会任命。乡、民族乡、镇的选举委员会的组成人员由不设区的市、市辖区、县、自治县的人民代表大会常务委员会任命。选举委员会的组成人员为代表候选人的，应当辞去选举委员会的职务。

◆ 选举委员会应当履行哪些职责?

（1）划分选举本级人民代表大会代表的选区，分配各选区应选代表的名额。

（2）进行选民登记，审查选民资格，公布选民名单；受理对于选民名单不同意见的申诉，并做出决定。

（3）确定选举日期。

（4）了解核实并组织介绍代表候选人的情况；根据较多数选民的意见，确定和公布正式代表候选人名单。

（5）主持投票选举。

（6）确定选举结果是否有效，公布当选代表名单。

（7）法律规定的其他职责。

另外，选举委员会应当及时公布选举信息。

◆ 全国人民代表大会代表的名额情况有哪些规定?

全国人民代表大会的代表，由省、自治区、直辖市的人民代表大会和人民解放军选举产生。全国人民代表大会代表的名额不超过3000人。香港特别行政区、澳门特别行政区应选全国人民代表大会代表的名额和代表产生办法，由全国人民代表大会另行规定。

全国人民代表大会代表名额，由全国人民代表大会常务委员会根据各省、自治区、直辖市的人口数，按照每一代表所代表的城乡人口数相同的原则，以及保证各地区、各民族、各方面都有适当数量代表的要求进行分配。省、自治区、直辖市应选全国人民代表大会代表名额，由根据人口数计算确定的名额数、相同的地区基本名额数和其他应选名额数构成。全国人民代表大会代表名额的具体分配，由全国人民代表大会常务委员会决定。

全国少数民族应选全国人民代表大会代表，由全国人民代表大会常务委员会参照各少数民族的人口数和分布等情况，分配给各省、自治区、直辖市的人民代表大会选出。人口特少的民族，至少应有代表 1 人。

◆ 地方各级人民代表大会代表的名额是怎样确定的?

地方各级人民代表大会的代表名额，按照下列规定确定：

（1）省、自治区、直辖市的代表名额基数为 350 名，省、自治区每 15 万人可以增加 1 名代表，直辖市每 25 000 人可以增加 1 名代表；但是，代表总名额不得超过 1 000 名。

（2）设区的市、自治州的代表名额基数为 240 名，每 25 000 人可以增加 1 名代表；人口超过 1000 万的，代表总名额不得超过 650 名。

（3）不设区的市、市辖区、县、自治县的代表名额基数为 120 名，每 5000 人可以增加 1 名代表；人口超过 165 万的，代表总名额不得超过 450 名；人口不足 5 万的，代表总名额可以少于 120 名。

（4）乡、民族乡、镇的代表名额基数为 40 名，每 1500 人可以增加 1 名代表；但是，代表总名额不得超过 160 名；人口不足 2000 的，代表总名额可以少于 40 名。按照前款规定的地方各级人民代表大会的代表名额基数与按人口数增加的代表数相加，即为地方各级人民代表大会的代表总名额。自治区、聚居的少数民族多的省，经全国人民代表大会常务委员会决定，代表名额可以另加 5%。聚居的少数民族多或者人口居住分散的县、自治县、乡、民族乡，经省、自治区、直辖市的人民代表大会常务委员会决定，代表名额可以另加5%。

（5）省、自治区、直辖市的人民代表大会代表的具体名额，由全国人民代表大会常务委员会依照本法确定。设区的市、自治州和县级的人民代表大会代表的具体名额，由省、自治区、直辖市的人民代表大会常务委员会依照本法确定，报全国人民代表大会常务委员会备案。乡级的人民代表大会代表的具体名额，由县级的人民代表大会常务委员会依照本法确定，报上一级人民代表大会常务委员会备案。

（6）地方各级人民代表大会的代表总名额经确定后，不再变动。如果由于行政区划变动或者由于重大工程建设等原因造成人口较大变动的，该级人民代表大会的代表总名额依照本法的规定重新确定。

（7）地方各级人民代表大会代表名额，由本级人民代表大会常务委员会或者本级选举委员会根据本行政区域所辖的下一级各行政区域或者各选区的人口数，按照每一代表所代表的城乡人口数相同的原则，以及保证各地区、各民族、各方面都有适当数量代表的要求进行分配。在县、自治县的人民代表大会中，人口特少的乡、民族乡、镇，至少应有代表1人。地方各级人民代表大会代表名额的分配办法，由省、自治区、直辖市人民代表大会常务委员会参照全国人民代表大会代表名额分配的办法，结合本地区的具体情况规定。

◆ 我国各少数民族的代表名额是怎样确定的？

有少数民族聚居的地方，每一聚居的少数民族都应有代表参加当地的人民代表大会。聚居境内同一少数民族的总人口数占境内总人口数30%以上的，每一代表所代表的人口数应相当于当地人民代表大会每一代表所代表的人口数。聚居境内同一少数民族的总人口数不足境内总人口数15%的，每一代表所代表的人口数可以适当少于当地人民代表大会每一代表所代表的人口数，但不得少于 1/2；实行区域自治的民族人口特少的自治县，经省、自治区的人民代表大会常务委员会决定，可以少于 1/2。人口特少的其他聚居民族，至少应有代表 1 人。聚居境内同一少数民族的总人口数占境内总人口数 15% 以上、不足 30% 的，每一代表所代表的人口数，可以适当少于当地人民代表大会每一代表所代表的人口数，但分配给该少数民族的应选代表名额不得超过代表总名额的 30%。

自治区、自治州、自治县和有少数民族聚居的乡、民族乡、镇的人民代表大会，对于聚居在境内的其他少数民族和汉族代表的选举，适用《选举法》第十八条的规定。散居的少数民族应选当地人民代表大会的代表，每一代表所代表的人口数可以少于当地人民代表大会每一代表所代表的人口数。自治区、自治州、自治县和有少数民族聚居的乡、民族乡、镇的人民代表大会，对于散居的其他少数民族和汉族代表的选举，适用前款的规定。

有少数民族聚居的不设区的市、市辖区、县、乡、民族乡、镇的人民代表大会代表的产生，按照当地的民族关系和居住状况，各少数民族选民可以单独选举或者联合选举。自治县和有少数民族聚居的乡、民族乡、镇的人民代表大会，对于居住在境内的其他少数民族和汉族代表的选举办法，适用前款的规定。

自治区、自治州、自治县制定或者公布的选举文件、选民名单、选民证、代表候选人名单、代表当选证书和选举委员会的印章等，都应当同时使用当地通用的民族文字。少数民族选举的其他事项，参照本法有关各条的规定办理。

◆ 我国的各个选区是怎样划分的？

不设区的市、市辖区、县、自治县、乡、民族乡、镇的人民代表大会的代表名额分配到选区，按选区进行选举。选区可以按居住状况划分，也可以按生产单位、事业单位、工作单位划分。选区的大小，按照每一选区选 1 名至 3 名代表划分。本行政区域内各选区每一代表所代表的人口数应当大体相等。

◆ 选民的登记是怎样进行的？

选民登记按选区进行，经登记确认的选民资格长期有效。每次选举前对上次选民登记以后新满 18 周岁的、被剥夺政治权利期满后恢复政治权利的选民，予以登记。对选民经登记后迁出原选区的，列入新迁入的选区的选民名单；对死亡的和依照法律被剥夺政治权利的人，从选民名单上除名。精神病患者不能行使选举权利的，经选举委员会确认，不列入选民名单。

选民名单应在选举日的20日以前公布，实行凭选民证参加投票选举的，并应当发给选民证。对于公布的选民名单有不同意见的，可以在选民名单公布之日起 5 日内向选举委员会提出申诉。选举委员会对申诉意见，应在 3 日内做出处理决定。申诉人如果对处理决定不服，可以在选举日的 5 日以前向人民法院起诉，人民法院应在选举日以前做出判决。人民法院的判决为最后决定。

◆ 代表候选人是怎样提出的？

全国和地方各级人民代表大会的代表候选人，按选区或者选举单位提名产生。各政党、各人民团体，可以联合或者单独推荐代表候选人。选民或者代表，10 人以上联名，也可以推荐代表候选人。推荐者应向选举委员会或者大会主席团介绍代表候选人的情况。接受推荐的代表候选人应当向选举委员会或者大会主席团如实提供个人身份、简历等基本情况。提供的基本情况不实的，选举委员会或者大会主席团应当向选民或者代表通报。

各政党、各人民团体联合或者单独推荐的代表候选人的人数，每一选民或者代表参加联名推荐的代表候选人的人数，均不得超过本选区或者选举单位应选代表的名额。

全国和地方各级人民代表大会代表实行差额选举，代表候选人的人数应多于应选代表的名额。由选民直接选举人民代表大会代表的，代表候选人的人数应多于应选代表名额的1/3至1倍；由县级以上的地方各级人民代表大会选举上一级人民代表大会代表的，代表候选人的人数应多于应选代表名额的1/5至1/2。

由选民直接选举人民代表大会代表的，代表候选人由各选区选民和各政党、各人民团体提名推荐。选举委员会汇总后，将代表候选人名单及代表候选人的基本情况在选举日的15日以前公布，并交各该选区的选民小组讨论、协商，确定正式代表候选人名单。如果所提代表候选人的人数超过《选举法》第30条规定的最高差额比例，由选举委员会交各该选区的选民小组讨论、协商，根据较多数选民的意见，确定正式代表候选人名单；对正式代表候选人不能形成较为一致意见的，进行预选，根据预选时得票多少的顺序，确定正式代表候选人名单。

正式代表候选人名单及代表候选人的基本情况应当在选举日的7日以前公布。县级以上的地方各级人民代表大会在选举上一级人民代表大会代表时，提名、酝酿代表候选人的时间不得少于2天。各该级人民代表大会主席团将依法提出的代表候选人名单及代表候选人的基本情况印发全体代表，由全体代表酝酿、讨论。如果所提代表候选人的人数符合《选举法》第30条规定的差额比例，直接进行投票选举。如果所提代表候选人的人数超过《选举法》第30条规定的最高差额比例，进行预选，根据预选时得票多少的顺序，按照本级人民代表大会的选举办法根据《选举法》确定的具体差额比例，确定正式代表候选人名单，进行投票选举。

县级以上的地方各级人民代表大会在选举上一级人民代表大会代表时，代表候选人不限于各该级人民代表大会的代表。

选举委员会或者人民代表大会主席团应当向选民或者代表介绍代表候选人的情况。推荐代表候选人的政党、人民团体和选民、代表可以在选民小组或者代表小组会议上介绍所推荐的代表候选人的情况。选举委员会根据选民的要求，应当组织代表候选人与选民见面，由代表候选人介绍本人的情况，回答选民的问题。但是，在选举日必须停止代表候选人的介绍。

◆ 选举原则有哪些？

全国人民代表大会和地方各级人民代表大会代表的选举，应当严格依照法定程序进行，并接受监督。任何组织或者个人都不得以任何方式干预选民或者代表自由行使选举权。

在选民直接选举人民代表大会代表时，选民根据选举委员会的规定，凭身份证或者选民证领取选票。选举委员会应当根据各选区选民分布状况，按照方便选民投票的原则设立投票站，进行选举。选民居住比较集中的，可以召开选举大会，进行选举；因患有疾病等原因行动不便或者居住分散并且交通不便的选民，可以在流动票箱投票。

◆ 选举程序有哪些？

县级以上的地方各级人民代表大会在选举上一级人民代表大会代表时，由各该级人民代表大会主席团主持。全国和地方各级人民代表大会代表的选举，一律采用无记名投票的方法。选举时应当设有秘密写票处。选民如果是文盲或者因残疾不能写选票的，可以委托他信任的人代写。选举人对于代表候选人可以投赞成票，可以投反对票，可以另选其他任何选民，也可以弃权。选民如果在选举期间外出，经选举委员会同意，可以书面委托其他选民代为投票。每一选民接受的委托不得超过 3 人，并应当按照委托人的意愿代为投票。

投票结束后，由选民或者代表推选的监票、计票人员和选举委员会或者人民代表大会主席团的人员将投票人数和票数加以核对，做出记录，并由监票人签字。代表候选人的近亲属不得担任监票人、计票人。每次选举所投的票数，多于投票人数的无效，等于或者少于投票人数的有效。每一选票所选的人数，多于规定应选代表人数的作废，等于或者少于规定应选代表人数的有效。

在选民直接选举人民代表大会代表时，选区全体选民的过半数参加投票，选举有效。代表候选人获得参加投票的选民过半数的选票时，始得当选。县级以上的地方各级人民代表大会在选举上一级人民代表大会代表时，代表候选人获得全体代表过半数的选票时，始得当选。获得过半数选票的代表候选人的人数超过应选代表名额时，以得票多的当选。如遇票数相等不能确定当选人时，应当就票数相等的候选人再次投票，以得票多的当选。获得过半数选票的当选代表的人数少于应选代表的名额时，不足的名额另行选举。另行选举时，根据在第一次投票时得票多少的顺序，按照《选举法》第 30 条规定的差额比例，确定候选人名单。如果只选 1 人，候选人应为 2 人。依照前款规定另行选举县级和乡级的人民代表大会代表时，代表候选人以得票多的当选，但是得票数不得少于选票的 1/3；县级以上的地方各级人民代表大会在另行选举上一级人民代表大会代表时，代表候选人获得全体代表过半数的选票，始得当选。

选举结果由选举委员会或者人民代表大会主席团根据《选举法》确定

是否有效，并予以宣布。公民不得同时担任 2 个以上无隶属关系的行政区域的人民代表大会代表。

◆ **代表受监督的情况有哪些规定？**

全国和地方各级人民代表大会的代表，受选民和原选举单位的监督。选民或者选举单位都有权罢免自己选出的代表。

◆ **对罢免县级和乡级的人大代表有哪些规定？**

对于县级的人民代表大会代表，原选区选民 50 人以上联名，对于乡级的人民代表大会代表，原选区选民 30 人以上联名，可以向县级的人民代表大会常务委员会书面提出罢免要求。罢免要求应当写明罢免理由。被提出罢免的代表有权在选民会议上提出申辩意见，也可以书面提出申辩意见。县级的人民代表大会常务委员会应当将罢免要求和被提出罢免的代表的书面申辩意见印发原选区选民。表决罢免要求，由县级的人民代表大会常务委员会派有关负责人员主持。

罢免县级和乡级的人民代表大会代表，须经原选区过半数的选民通过。罢免由县级以上的地方各级人民代表大会选出的代表，须经各该级人民代表大会过半数的代表通过；在代表大会闭会期间，须经常务委员会组成人员的过半数通过。罢免的决议，须报送上一级人民代表大会常务委员会备案、公告。

◆ 对罢免县级以上的人大代表有哪些规定？

县级以上的地方各级人民代表大会举行会议的时候，主席团或者 1/10 以上代表联名，可以提出对由该级人民代表大会选出的上一级人民代表大会代表的罢免案。在人民代表大会闭会期间，县级以上的地方各级人民代表大会常务委员会主任会议或者常务委员会 1/5 以上组成人员联名，可以向常务委员会提出对由该级人民代表大会选出的上一级人民代表大会代表的罢免案。罢免案应当写明罢免理由。县级以上的地方各级人民代表大会举行会议的时候，被提出罢免的代表有权在主席团会议和大会全体会议上提出申辩意见，或者书面提出申辩意见，由主席团印发会议。罢免案经会议审议后，由主席团提请全体会议表决。县级以上的地方各级人民代表大会常务委员会举行会议的时候，被提出罢免的代表有权在主任会议和常务委员会全体会议上提出申辩意见，或者书面提出申辩意见，由主任会议印发。罢免案经会议审议后，由主任会议提请全体会议表决。罢免代表采用无记名的表决方式。

县级以上的各级人民代表大会常务委员会组成人员，全国人民代表大会和省、自治区、直辖市、设区的市、自治州的人民代表大会专门委员会成员的代表职务被罢免的，其常务委员会组成人员或者专门委员会成员的职务相应撤销，由主席团或者常务委员会予以公告。乡、民族乡、镇的人民代表大会主席、副主席的代表职务被罢免的，其主席、副主席的职务相应撤销，由主席团予以公告。

◆ 对代表的辞职有哪些规定？

全国人民代表大会代表，省、自治区、直辖市、设区的市、自治州的人民代表大会代表，可以向选举他的人民代表大会的常务委员会书面提出辞职。常务委员会接受辞职，须经常务委员会组成人员的过半数通过。接受辞职的决议，须报送上一级人民代表大会常务委员会备案、公告。县级的人民代表大会代表可以向本级人民代表大会常务委员会书面提出辞职，乡级的人民代表大会代表可以向本级人民代表大会书面提出辞职。县级的人民代表大会常务委员会接受辞职，须经常务委员会组成人员的过半数通过。乡级的人民代表大会接受辞职，须经人民代表大会过半数的代表通过。接受辞职的，应当予以公告。

县级以上的各级人民代表大会常务委员会组成人员，全国人民代表大会和省、自治区、直辖市、设区的市、自治州的人民代表大会的专门委员会成员，辞去代表职务的请求被接受的，其常务委员会组成人员、专门委员会成员的职务相应终止，由常务委员会予以公告。乡、民族乡、镇的人民代表大会主席、副主席，辞去代表职务的请求被接受的，其主席、副主席的职务相应终止，由主席团予以公告。

◆ 对代表的补选是怎样规定的？

代表在任期内，因故出缺，由原选区或者原选举单位补选。地方各级人民代表大会代表在任期内调离或者迁出本行政区域的，其代表资格自行终止，缺额另行补选。县级以上的地方各级人民代表大会闭会期间，可以由本级人民代表大会常务委员会补选上一级人民代表大会代表。补选出缺的代表时，代表候选人的名额可以多于应选代表的名额，也可以同应选代表的名额相等。补选的具体办法，由省、自治区、直辖市的人民代表大会常务委员会规定。

◆ 如何制裁破坏选举的行为?

为保障选民和代表自由行使选举权和被选举权，对有下列行为之一，破坏选举，违反治安管理规定的，依法给予治安管理处罚；构成犯罪的，依法追究刑事责任：①以金钱或者其他财物贿赂选民或者代表，妨害选民和代表自由行使选举权和被选举权的；②以暴力、威胁、欺骗或者其他非法手段妨害选民和代表自由行使选举权和被选举权的；③伪造选举文件、虚报选举票数或者有其他违法行为的；④对于控告、检举选举中违法行为的人，或者对于提出要求罢免代表的人进行压制、报复的。国家工作人员有前款所列行为的，还应当依法给予行政处分。以以上所列违法行为当选的，其当选无效。

主持选举的机构发现有破坏选举的行为或者收到对破坏选举行为的举报，应当及时依法调查处理；需要追究法律责任的，及时移送有关机关予以处理。

二、村民及其特定群体参政议政

◆ 什么是村两委？

村两委是设在乡镇（街道）下一级行政村的组织机构，就是村共产党员支部委员会和村民自治委员会的简称，习惯上前者简称为村支部，后者简称村委会。村支部的职能是宣传共产党政策、帮助党的路线方针政策在基层的落实、带领广大基层人民在党的领导下发家致富奔小康。村委会是村民民主选举的自治组织，带领广大村民致富，协助乡镇政府工作。它不属于国家机关。

◆ 什么是村党支部（简称村支委）？

村党支部是村级“党的支部委员会”的简称，是中国共产党的基层组织之一。村党支部是农村一切组织和全部工作的领导核心，在政治上对村委会实施领导，这是由党的执政地位所决定的。

◆ 村党支部的主要职责是什么？

党支部的主要职责是：组织制定本村经济和社会发展规划，对本村重大事项和重要问题做出决策建议，审议村委会及其他村级组织提交的重要事项和村集体较大支出请示等，然后根据法律和有关规定提交党员大会（党员代表会议）或村民大会（村民代表会议）讨论通过。由村委会或其他村级组织进行实施，并负责对实施过程及最终结果进行监督、检查，发现问题及时纠正。

◆ 村党支部的设立和成员有哪些规定？

党章规定：企业、农村、机关、学校、科研院所、街道、人民解放军连队和其他基层单位，凡是有正式党员3人以上的，都应当成立党的基层组织。党的基层组织，根据工作需要和党员人数，经上级党组织批准，分别设立党的基层委员会、总支部委员会、支部委员会。

村党支部由支部（全村）的党员大会选举产生，任期2年或3年。一般设书记、副书记及委员若干名。

◆ 村两委会的议事范围有哪些？

（1）传达贯彻党的路线、方针、政策和国家的法律、法规，研究落实上级党委、政府所布置任务的具体工作措施。

（2）讨论制订本村经济、社会发展、村庄建设的年度和长远规划，以及保证规划实现的工作措施。

（3）研究制订《村民自治章程》（草案）、村民奖惩的办法以及村（财）务民主管理和公开等规章制度（草案）。

（4）讨论决定村会计、调解、治保等机构组成人员人选。

（5）讨论决定低保人选和救灾、救济款物发放对象。

（6）研究提出有关本村重大村务工作初步方案，经村民代表会议讨论通过后，制订具体的实施措施。

（7）研究决定村集体大额奖金的开支。

（8）其他需要村两委会研究或做出决定、决议的事项。

◆ 村两委会的会议制度包括哪些内容？

（1）村两委会议，一般每月一次，如工作需要，也可随时召开；村两委会议由村党支部书记召集主持；经村党支部书记委托也可由村委会主任、村党支部副书记召集主持；村两委会议，各委员均须按时出席，因特殊情况不能参加，须事先向召集人请假；村两委会议必须有过半数的委员参加方能举行。

（2）村会计可列席会议，如工作需要，其他人员也可列席，具体列席人员由召集人确定。

（3）村两委会议由村会计负责记录，村会计未列席的，由组织委员记录。会议记录由会议主持人审核签名，存档备查。

村两委会的议事程序和方法是什么？

（1）村两委会议和议题由村两委委员向召集人提出，经村党支部委员会确定后列入会议议题。

（2）村两委委员提出的议题，须事先由提出人组织人员研究、协调、论证，提出具体方案供决策时选择参考。

（3）村两委会议召开的日期和议题内容，应由召集人提前告之与会人员，一般不临时动议重大问题。属通气性质的问题，可以临时提出，但须简明扼要。

（4）村两委会议研究重大问题应坚持民主集中制原则。先由议题提出人作详细说明后，各委员畅所欲言，发表自己的意见，然后采用口头或举手等方式进行表决，赞成人数超过应到会有表决权人数的一半，决议方为有效。

（5）村两委成员及其他与会人员要注意保密。凡会议讨论的所有问题不论意见有无分歧，也不论是否形成决议（包括已做出的决定尚未公开前），均不得外传，谁泄露谁负责。

（6）村两委会形成的决议会议主持人应及时向因故未参加会议的两委成员传达。

（7）村两委会形成的决议，如有必要，可召开有关会议或张榜等形式加以公布，以保证决议的正确实施。

◆ 村两委会的执行和反馈制度有哪些？

（1）村两委成员必须坚决执行两委会集体做出的决定。个人如有不同意见，可以保留，但不得在会后有任何反对的言行。

（2）村两委成员按照分工负责的原则，必须认真抓好自己分管的工作，不得推诿、拖拉。如执行中发现新问题须及时提交两委会讨论，不得自行改变。

（3）村两委成员应及时将办理结果向会议主持人反馈。会议主持人应抓好决定、决议的督促检查工作，确保决定、决议落到实处。

◆ 什么是城乡相同人口比例选人大代表？

选举法修正案草案明确规定：全国人民代表大会代表名额，由全国人民代表大会常务委员会根据各省、自治区、直辖市的人口数，按照每一个代表所代表的城乡人口数相同的原则，以及保证各地区、各民族、各方面都有适当数量代表的要求进行分配。根据草案规定，地方各级人民代表大会，也实行城乡按相同人口比例选举代表。按照现行选举法的规定，农村和城市每一名人大代表所代表的人口数并不相同，农村每一代表所代表的人口数四倍于城市每一代表所代表的人口数。

◆ 城乡相同人口比例选人大代表的益处有哪些？

实行城乡按相同人口比例选举人大代表，有利于更好地保证城乡人民享有平等的选举权，进一步调动全体人民的积极性和创造性，发展社会主义民主政治，统筹城乡发展和促进社会和谐。

实行城乡按相同人口比例选举人大代表，更好体现人人平等、地区平等、民族平等，切实保障人民当家做主。实行城乡按相同人口比例选举人大代表，有利于更好地保证城乡人民享有平等的选举权，进一步调动全体人民的积极性和创造性，发展社会主义民主政治，统筹城乡发展和促进社会和谐。

◆ 城乡相同人口比例选人大代表的要求是什么?

实行城乡按相同人口比例选举代表，总的要求是：保障公民都享有平等的选举权；保障各地方在国家权力机关有平等的参与权，各行政区域不论人口多少，都有相同的基本名额数，都能选举一定数量的代表，体现地区平等；保障各民族都有适当数量的代表，人口再少的民族，也要至少有一名代表，体现民族平等。此外，各方面代表性人物比较集中的地方，也应给予适当的照顾。

◆ 当前我国农民工总体参政议政情况怎样?

目前，我国农民工群体有很大的流动性，他们不是城市户籍居民，在城市没有选举权。农民工常年在外，也很少参加家乡人民代表的选举。这样，农民工群体就很难通过自己的选票来影响人民代表的政治意见。在我国一些经济发达地区的乡镇，外来农民工的人数甚至超过了当地人口，但他们仍然没有选举权。

◆ 最早在人大代表中出现农民工身影是什么时候?

人大代表中首次出现农民工身影是在 2008 年 3 月的两会上，首个农民工人大代表是打工妹胡小燕。

◆ 农民工参政议政的不足有哪些?

农民工作为一个特殊的群体，自身存在很多不足，比如其知识水平有限，参政议政的经验还有所欠缺等。

◆ 为何两会有农民工人大代表出现?

人大代表的建言实质是在预设民主框架内，进行充分的利益博弈，既然是博弈，就要把问题摆到桌面上讨论，要讨论，首先要了解实情，对于自身疾苦，没有人比农民工兄弟自己更清楚，同时，由于有切身感受和关联，也很难有人比他们更加积极争取。因此，两会必须要有农民工作为人大代表出现。

◆ 如何打造健康的农民工群体的民主议政？

健康的民主议政来自于问题是否到位，讨论是否充分，建议是否贴切，而非代表的名气，绚丽的辞藻，深邃的理论。农民工代表在忠于自身经验的基础上所提出的子女入学问题、民工休假问题等等，虽然简短却命中实质，正所谓“话糙理不糙”，他们的心声能合理地投射到政策制定上，能使公众参政途径进一步扩大，使公众都能恰当发出自己的声音。

◆ 为何农民工在人民代表大会发言受影响？

虽然人大代表享受免责权，在讨论和审议过程中说得再过火也不会被追究责任，但是那么多市长、省长在场，草根代表的发言很容易感觉底气不足。

◆ 如何改变农民工在人大发言受限制这种现象？

增强农民工弱势群体的民主政治权利有助于改善人大代表发言的环境氛围。

◆ 农民工进“两会”存在哪些细节问题？

农民工进“两会”，许多细节问题不可忽视。其中，最主要是便是对“农民工”称谓的法律界定，这个称谓之下涵盖的群体是极其复杂的，清楚的界定对于农民工群体代表的选举有着极为重要的意义。其次，我国农民工群体有很大的流动性，他们不是城市户籍居民，在城市没有选举权；由于常年在外，也很少返乡参加人民代表的选举。在城乡户籍制度改革没有获得突破的时候，如何进行农民工的选举也显得至关紧要。只有选出真正能代表大部分农民工境遇的代表，才会感同身受地表达出他们的利益诉求和政治意愿。

◆ 为什么要提高农村妇女参政议政水平?

伴随着时代和社会的发展进步，观念的不断更新，妇女权益保障机制日趋完善和落实，尤其是广大农村的妇女，对推动农村经济社会的发展做出了日益突出的贡献，她们普遍存在的特有优势正逐步得以显现。

一是具有准确地代表广大妇女意愿的优势。在传统社会，由于社会人为堵塞了妇女社会参政议政的路径，迫于生存的压力，她们只能靠婚嫁满足吃穿住的需求，而现在则发生了根本变化，妇女不再是旧社会的“附庸品”和“内人”，做为“半边天”，她们有权力参与社会的一切活动，也只有她们的积极参与才能更准确地反映广大妇女的意愿，更加具有代表性。

二是具有客观全面的领导优势。妇女们普遍具有的坚韧的性格和细腻的思维以及对事物深入的洞察力造就了妇女领导干部在领导工作中，对事物的把握分析能力，更具有客观全面性。尤其在处理干群关系和思想政治工作中，她们更具有理解他人、处事稳妥、益于沟通的优势。

三是具有带动村户经济发展的优势。经济社会发展到今天，农业生产对妇女的依靠程度越来越高，随着大批男劳力从土地劳作转向外出打工，长年生活在本乡本土的人群中，妇女的比例不断扩大。为此，发展村户经济中，妇女逐步成为“主角”，充分发挥好妇女的群体功能，调动她们参与和投身于村务治理活动中，加强她们彼此合作和交流，必将对村户经济的发展起到积极的推动作用。

◆ 影响农村妇女参政议政的主要因素有哪些？

（1）传统观念的束缚还没有从根本上得到转变。女性在旧社会以前一直受到社会的排斥和家庭的禁锢，“女子无才便是德”、“三从四德”、“相夫教子”像一道道枷锁，使妇女参政议政简直成为“天方夜谭”，如今这种封建残余思想并没有从一些人的头脑中完全剔除。“男主外、女主内”的思想很大程度上，压制了农村妇女参政议政的热情和信心。

（2）妇女受教育程度和劳动技能偏低的问题还没有从根本上得到缓解。尤其是农村妇女，她们接受再教育的机会少之又少，由于素质低的原因，导致了她们中的大部分，对新事物、新技术的接受能力差，影响了她们在经济生产中的作用的发挥，从而也影响了她们参政议政能力的提高。

（3）社会接纳认可的问题还没有从根本上得到解决。但凡女性领导者都要承担工作和家庭的双重责任，往往要有双倍乃至几倍的付出。她们在承受内在压力的同时，一般还要承受来自外部无形的压力，女性领导者的魄力和强干在一些人眼里被认为是“张扬”甚至“另类”，一些在农村工作的“女强人”因此而遭到无故的排斥和贬低，轻视女性的声音随处可闻。

（4）政策法律存在缺陷。尽管男女平等已作为基本国策写入宪法，但是由于诸多因素，人们对男女平等的理解和认识依然停留在表面，在关注法律平等时却忽略了事实上和实质上的平等。比如《村民委员会组织法》规定村民委员会采取海选方式，看似赋予男女平等的竞争机会，事实上忽视了封建不平等思想依然根深蒂固和相当多的农村妇女自身能力水平较差的社会现实。

（5）“打工潮”直接影响着妇女的参政议政。现如今，稍有点文化学识，比较能干并甘于吃苦的农村妇女再也不愿过过去那种“面朝黄土背朝天”的生活了，也不再固守过去那种“一亩三分地，扶老携幼，相夫教子”的传统妇道文化与习俗。农村能干的女人走了，也就意味着原本能够参政议政的“女能人”走了。

◆ 怎样才能促进农村妇女参政议政？

（1）县乡（镇）人大在换届选举期间，应当从实际出发，考虑当前农村妇女的新状况、新变化，在代表人数、代表身份配套时应当对于农村妇女给予适当照顾。县乡（镇）在政协委员的推荐上亦应特别关注农村妇女的实际状况，予以适当倾斜。

（2）县乡（镇）党委和政府的组织、人事、民政部门在制定农村政权和乡村班子以及农村干部队伍配备政策时，要积极听取妇女组织的意见；要正视当前客观上依然存在的男女事实上不平等的状况；考虑妇女参政的实际需求，在政策上给予适当倾斜。

（3）县乡（镇）妇联组织要充分发挥桥梁纽带作用，做好摸底调查，建立基层优秀妇女人才库，积极向上级部门推荐优秀妇女人才。

（4）县乡（镇）党委和政府要注意通过多种途径，为农村妇女接受培训提供条件和便利，不断提高农村妇女参政议政的意识和能力，妇联组织自然要当好农村妇女培训的媒介与助手。

（5）各级妇女组织要积极引导广大农村妇女摒弃“男主外、女主内”封建传统的束缚，树立敢于发展、敢于竞争、敢于作为的进取精神，鼓励广大农村妇女从关心周围的公共事务开始，逐步提高妇女参政议政的积极性、主动性，增强参政议政的能力。

◆ 农村学生如何提高参政议政能力？

（1）重视能力，素质教育制度化。公民教育在不同时代和不同国家有不同的具体内涵。最早提出实施的是古代希腊，斯巴达要求将奴隶主子弟培养成体格健壮、忠于邦国的勇敢武士；雅典除培养人的忠诚、勇敢品德外，更注意发展其智慧和审美力，以便公民参加雅典式的奴隶主民主社会生活。教育的目的不是应试，而是重视人的全面发展，重视人的综合素质提高，培养更多的勇于担当社会责任的公民和合格的劳动者、建设者、创造者。因此，只有从制度上确立素质教育、能力培养的地位，才能使农村学生“参政议政”成为可能。

（2）走出校园，公民教育常态化。美国的公民教育更加强调培养积极参与的、有影响力的公民；而亚洲国家由于受到儒家文化的影响，公民教育以道德教育为中心，强调道德对个人、家庭、社会、国家记忆民族兴亡的重要。随着法治时代的到来，公民社会对培养青年一代成为未来社会的好公民提出了新的要求。公民教育不能局限于课堂说教，应面向社会，除了平时组织师生进入社区参与社会实践外，还应该在节假日组织学生参加到扶弱助残、赈济贫困和公益活动之中，让他们了解社会，了解民生，向勇于奉献的青年志愿者学习，在实践中培育农村学生的公民意识。

（3）当好表率，师生教学相长。无论是家长还是老师，都应成为学生公民意识不断成长的榜样。只有成年人在社会公德、职业道德和家庭美德方面率先垂范，在法治环境下提升民众意识，积极履行公民义务，参与到社会公共事务中来，才能引导学生在了解社会中思考，在锻炼自我中升华，在体察民情中领悟，进而拿出高水准的“学生提案”。

◆ 一个公民是否可以同时担任两个地方的人大代表？

选举法修正案草案规定，“公民不得同时担任两个互不隶属的行政区域的人民代表大会代表”。同时，草案还增加一项规定，明确“接受推荐的代表候选人应当向选举委员会或者大会主席团如实提供个人身份、简历等情况”。

根据一些地方选举实践中出现的新情况、新问题，有关部门建议，应明确规定人大代表候选人要填报是否取得外国永久居留权、外国国籍等情况，以便组织上掌握情况，依法处理；还应对一个公民是否可以担任两个地方代表问题予以明确。据此，选举法修正案草案增加了上述两项规定。

◆ 如何严格控制上一级推荐下派代表候选人？

《选举法》规定，各政党、各人民团体，可以联合或者单独推荐代表候选人。这一规定是我国民主发展的重要体现。但关于政党、团体推荐代表候选人的主体、比例、人数这三个问题，《选举法》没有明确规定。城乡按相同比例选举后，城镇人口占多数的地区的代表数会相应地减少，农村人口占多数的地区代表数会得到增加。按照以前的做法，代表数多的地区上一级推荐下派的代表候选人也会相对多些，笔者担心的是城乡按相同比例选举后，推荐下派的代表候选人会更平均，这样就会出现有的乡镇或地区代表数虽然增加了，实际上本土代表数没有增加。如：在某地区城乡不同比例选举是 20 名上一级人大代表，城乡同比例后增加了 2 名代表数，但上一级在推荐下派候选人增加 2 名，实际上就把同比例增加的代表数抵销了，成了只是名义上的同比例选举。

◆ 如何严格控制政选区基层党政领导和企业家代表候选人的人数？

城乡按相同人口比例选举后，乡镇的人大代表数多了，但在推荐代表候选人时，要注意控制各选区推荐基层领导干部和企业家的人数。目前的人大代表中，真正的基层工人、农民代表寥寥无几，都是一些企业家和村主任、村支部书记。甚至有的地方把人大代表作为荣誉奖励给企业家，一些地方出现企业家比例过高的问题。随着社会阶层日趋多元化，不同阶层、不同身份的人的价值观念和利益追求肯定会有许多差异。因此，无论是作为农民身份当选的村主任、村支部书记，还是作为工人身份当选的企业家，都不能真正代表普通工人、农民的意愿。为优化代表的组成结构，要保证各级人民代表大会中有一定数量的、优秀的基层工人、农民和妇女代表。

◆ 怎样鼓励选民和代表联名推荐候选人？

《选举法》规定，选民或者代表10人以上联名，也可以推荐代表候选人。在选举前，要广泛宣传《选举法》，让选民和代表知道自己的权利。如果政党、团体提名过多，就容易包揽提名，影响选民提名的积极性，有损选举的民主性。因此，在直接选举中，必须给政党、团体推荐代表候选人规定比例限制，让选民能够充分提名自己信任的人为代表候选人，这样也有利于提高选民的积极性和参选率。

◆ 确定城乡同人口比例选举人大代表后，农民自身应做些什么？

应该进一步提高农民代表参政议政的能力。应该说农民们的利益诉求有很多，农民两会代表的履职意识也很强，积极性也非常高，像首位农民工人大代表胡小燕那样希望为每个有困难的农民解决问题的代表绝不在少数。但同时也要看到，代表一个人的力量毕竟是有限的，要靠一己之力帮助千千万万个农民是不可能的，所以这就要求农民代表提高参政议政的能力，将农民们的实际困难归纳总结，形成提案，提供解决方案，并通过两会将其上升为法律法规，让所有有这类困难的人群受益。

◆ 什么是网络参政议政？

参政议政是每个社会公民的权力和义务。我国政府历来支持和倡导公民利用各种形式为国家富强、民族复兴伟业群策群力，建言献策。进入网络时代后，我国政府积极倡导、引导网络参政议政工作的健康开展，广大网民自觉地利用网络新媒体的作用走进了网络参政议政行列中。

网络参政议政是伴随着高科技时代的到来，在中国民主政治、文明政治发展进程中出现的一种新型民主形式。它表现为两种方式：一是公民对政治、经济、文化和社会生活中所关心、关注的重要问题，通过网络平台向政策研究者或政府机关表达诉求、抒发己见、建言献策或进行讨论，提供给决策者或政府机关作参考；二是决策者或国家机关将调研报告、出台政策法规提案等通过网络平台广泛征求公民意见和建议，以利于修正完善，做出科学的、民主的决策。

◆ 网络参政议政的意义是什么？

近几年，网络在社会政治生活中的作用愈来愈重要，网络的政治功能正逐渐引起政府、政治家以及普通民众的注目，网络正在产生着对政治文化传播的强势影响力。网络这种新的大众传媒在传递政治信息中的中枢作用，不仅能够向政治系统输送强大的社会动力，也可以为政治决策营造良好的社会心理氛围，更可以调动社会成员注意力集中于国家发展大业上。利用发挥好网络的作用，有利于推进我国政治民主化的进程，使政治事务公开化、透明化。网络的强劲互动性也为公民了解政府的工作提供了经济快捷的渠道。通过网络，公民能最贴近地了解到政府的工作过程，使政策的制定、决策和执行过程透明化、科学化。网络更能使公民与政府官员的对话更加直接、顺畅、通达、互动，让政府与公众达到了平等交流的机会。

同时，网络参政议政体现出政府以人为本和开放性思维，以及对民声、民意的重视；体现出民主政治正在走向一个民众的广泛参与性、社会的广泛关注性、诉求渠道的更加开放性、建言献策的更加全民性、社会监督的更加透明性的文明新时代。公民通过网络广泛地参政议政有利于进一步凝聚民心民智，反映民情民意，有利于便利、快速、全面收集建言，优化提案，丰富议案，这对我国民主决策、科学决策起着越来越重要的作用。

再次，网络的便捷、迅速、直观、互动、监督以及多样化的传播手段为网络参政议政积累了许多可以弘扬的宝贵经验。

三、农村基层民主

◆ 什么是村民委员会？

村民委员会（简称村委）为中国大陆地区乡（镇）所辖的行政村的村民选举产生的群众性自治组织，其产生的依据为中华人民共和国村民委员会组织法。村民委员会是村民自我管理、自我教育、自我服务的基层群众性自治组织，实行民主选举、民主决策、民主管理、民主监督。村民委员会是建立在农村的基层群众性自治组织，不是国家基层政权组织，不是一级政府，也不是乡镇政府的派出机构。

村民委员会是中国共产党在农村的基层组织，按照中国共产党章程进行工作，发挥领导核心作用；依照宪法和法律，支持和保障村民开展自治活动、直接行使民主权利。乡、民族乡、镇的人民政府可以对村民委员会的工作给予指导、支持和帮助，但是不得干预依法属于村民自治范围内的事项。同时，村民委员会协助乡、民族乡、镇的人民政府开展工作。

◆ 村民委员会的职责和工作内容是什么？

村民委员会办理本村的公共事务和公益事业，调解民间纠纷，协助维护社会治安，向人民政府反映村民的意见、要求和提出建议。村民委员会应当支持和组织村民依法发展各种形式的合作经济和其他经济，承担本村生产的服务和协调工作，促进农村生产建设和社会主义市场经济的发展。

村民委员会应当尊重集体经济组织依法独立进行经济活动的自主权，维护以家庭承包经营为基础、统分结合的双层经营体制，保障集体经济组织和村民、承包经营户、联户或者合伙的合法的财产权和其他合法的权利和利益。村民委员会依照法律规定，管理本村属于村农民集体所有的土地和其他财产，教育村民合理利用自然资源，保护和改善生态环境。

村民委员会应当宣传宪法、法律、法规和国家的政策，教育和推动村民履行法律规定的义务，爱护公共财产，维护村民的合法的权利和利益，发展文化教育，普及科技知识，促进村和村之间的团结、互助，开展多种形式的社会主义精神文明建设活动。多民族村民居住的村，村民委员会应当教育和引导村民加强民族团结、互相尊重、互相帮助。

◆ 村民委员会的设立及组成成员有哪些原则和要求？

村民委员会根据村民居住状况、人口多少，按照便于群众自治的原则设立。村民委员会的设立、撤销、范围调整，由乡、民族乡、镇的人民政府提出，经村民会议讨论同意后，报县级人民政府批准。

村民委员会由主任、副主任和委员共 3 人至 7 人组成。村民委员会成员中，妇女应当有适当的名额，多民族村民居住的村应当有人数较少的民族的成员。村民委员会成员不脱离生产，根据情况，可以给予适当补贴。补贴标准原则上与本村人均收入挂钩或略高，由全体村民充分讨论决定，报乡、镇人民政府批准。要做到既不增加群众负担，又能使所筹集的经费落到实处。

村民委员会可以按照村民居住状况分设若干村民小组，小组长由村民小组会议推选。村民委员会主任、副主任和委员，由村民直接选举产生。任何组织或者个人不得指定、委派或者撤换村民委员会成员。村民委员会每届任期3年，届满应当及时举行换届选举。村民委员会成员可以连选连任。

◆ 选举村民委员会时应遵守哪些规定？

年满18周岁的村民，不分民族、种族、性别、职业、家庭出身、宗教信仰、教育程度、财产状况、居住期限，都有选举权和被选举权；但是，依照法律被剥夺政治权利的人除外。有选举权和被选举权的村民名单，应当在选举日的20日以前公布。

村民委员会的选举，由村民选举委员会主持。村民选举委员会成员由村民会议或者各村民小组推选产生。选举村民委员会，由本村有选举权的村民直接提名候选人。候选人的名额应当多于应选名额。选举村民委员会，有选举权的村民的过半数投票，选举有效；候选人获得参加投票的村民的过半数的选票，始得当选。选举实行无记名投票、公开计票的方法，选举结果应当当场公布。选举时，设立秘密写票处。具体选举办法由省、自治区、直辖市的人民代表大会常务委员会规定。

◆ 对违反法律规定的村民委员会选举的处理方式有哪些？

以威胁、贿赂、伪造选票等不正当手段，妨害村民行使选举权、被选举权，破坏村民委员会选举的，村民有权向乡、民族乡、镇的人民代表大会和人民政府或者县级人民代表大会常务委员会和人民政府及其有关主管部门举报，有关机关应当负责调查并依法处理。以威胁、贿赂、伪造选票等不正当手段当选的，其当选无效。

◆ 如何罢免村民委员会成员？

本村 1/5 以上有选举权的村民联名或者 1/3 以上的村民代表联名，可以要求罢免村民委员会成员。罢免要求应当提出罢免理由。被提出罢免的村民委员会成员有权提出申辩意见。村民委员会应当及时召开村民会议，投票表决罢免要求。罢免村民委员会成员须经有选举权的村民过半数通过。

◆ 村民会议的成员组成及召开条件是什么？

村民会议由本村 18 周岁以上的村民组成。召开村民会议，应当有本村 18 周岁以上村民的过半数参加，或者有本村 2/3 以上的户的代表参加，所做决定应当经到会人员的过半数通过。必要的时候，可以邀请驻在本村的企业、事业单位和群众组织派代表列席村民会议。

村民委员会向村民会议负责并报告工作。村民会议每年审议村民委员会的工作报告，并评议村民委员会成员的工作。村民会议由村民委员会召集。有 1/10 以上的村民提议，应当召集村民会议。

◆ 哪些事项必须经过村民会议讨论决定才可以办理？

涉及村民利益的下列事项，经村民会议讨论决定方可办理：

（1）本村享受误工补贴的人员及补贴标准；

（2）从村集体经济所得收益的使用；

（3）本村公益事业的兴办和筹资筹劳方案及建设承包方案；

（4）土地承包经营方案；

（5）村集体经济项目的立项、承包方案；

（6）宅基地的使用方案；

（7）征地补偿费的使用、分配方案；

（8）以借贷、租赁或者其他方式处分村集体财产；

（9）村民会议认为应当由村民会议讨论决定的涉及村民利益的其他事项。村民会议可以授权村民代表会议讨论决定前款规定的事项。法律对讨论决定村集体经济组织财产和成员权益的事项另有规定的，依照其规定。

◆ 村民会议享有哪些权利？同时又必须遵守哪些法规？

村民会议可以制定和修改村民自治章程、村规民约，并报乡、民族乡、镇的人民政府备案。

村民自治章程、村规民约以及村民会议或者村民代表讨论决定的事项不得与宪法、法律、法规和国家的政策相抵触，不得有侵犯村民的人身权利、民主权利和合法财产权利的内容。

◆ 村民会议的设立还有哪些特殊情况？

人数较多或者居住分散的村，可以推选产生村民代表，由村民委员会召集村民代表开会，讨论决定村民会议授权的事项。村民代表由村民按每5户至15户推选1人，或者由各村民小组推选若干人。

◆ 村民委员会在村务公开方面有哪些要求？

村民委员会实行村务公开制度。村民委员会应当及时公布下列事项，其中一般事项至少每季度公布一次；集体财务往来较多的，财务收支情况应当每月公布一次；涉及村民利益的重大事项应当随时公布。公布事项接受村民的监督：

（1）《中华人民共和国村民委员会组织法》中第二十三条、第二十四条规定的由村民会议、村民代表会议讨论决定的事项及其实施情况；

（2）国家计划生育政策的落实方案；

（3）政府拨付和接受社会捐赠的救灾救助、补贴补助等资金、物资的管理使用情况；

（4）村民委员会协助人民政府开展工作的情况；

（5）涉及本村村民利益，村民普遍关心的其他事项。

村民委员会不及时公布应当公布的事项或者公布的事项不真实的，村民有权向乡、民族乡、镇的人民政府或者县级人民政府及其有关主管部门反映，有关人民政府或者主管部门应当负责调查核实，责令依法公布；经查证确有违法行为的，有关人员应当依法承担责任。

◆ 村民委员会及其成员的工作原则、路线是什么？

村民委员会及其成员应当遵守宪法、法律、法规和国家的政策，办事公道，廉洁奉公，热心为村民服务。村民委员会决定问题，采取少数服从多数的原则。

村民委员会进行工作，应当坚持群众路线，充分发扬民主，认真听取不同意见，坚持说服教育，不得强迫命令，不得打击报复。

◆ 村民委员会有哪些下设机构？

村民委员会根据需要设人民调解、治安保卫、公共卫生等委员会。村民委员会成员可以兼任下属委员会的成员。人口少的村的村民委员会可以不设下属委员会，由村民委员会成员分工负责人民调解、治安保卫、公共卫生等工作。

◆ 农村的哪些人员可以不参加村民委员会组织？

驻在农村的机关、团体、部队、全民所有制企业、事业单位的人员不参加村民委员会组织，不属于村办的集体所有制单位的人员可以不参加村民委员会组织。但是，他们都应当遵守有关村规民约。所在地的村民委员会、村民会议或者村民代表讨论和处理同这些单位有关的问题，应当与他们协商解决。

◆ 对村委会成员人数的规定有什么缘由？

村委会作为基层群众性自治组织，为了完成所承担的各项任务，需要相应的组织机构和人员。村委会组织法规定，村委会由主任、副主任和委员共 3 人至 7 人组成。从试行法施行过程中各地反映的情况看，这一规定是比较符合我国农村的实际情况的。村委会的成员既不宜过多，也不宜过少。村委会由多少人组成比较合适，主要应当考虑两个因素：一是便于自治，能够完成村委会作为自治组织的各项任务；二是要尽量减轻农民的负担。

之所以要对村委会成员的数量规定一个幅度，是由于我国农村地域辽阔，各地区经济、社会发展很不平衡，村的自然条件及村民的人口数量、居住状况差别也很大，相应地，村委会所承担的工作量也就不同。一般来说，村民多，居住分散，村委会承担任务重的，村委会成员应当多一些；村民少，居住集中，村委会承担任务轻的，村委会成员可以少一些。村委会成员少的可以为 3 人，多的可以达到 7 人，但不能少于 3 人，也不能多于 7 人。具体人数，各地可以根据本地的实际情况予以确定。为了便于讨论决定问题，村委会成员应为单数。

◆ 对村委会成员中妇女及少数民族成员人数的规定有什么缘由？

村委会成员中，妇女应当有适当的名额，多民族村民居住的村应当有人数较少的民族的成员。这一规定主要有以下两点考虑：

（1）担任村委会成员，要办理村民自治范围内的事务并协助上级政府进行工作，行使一定的社会事务的管理权，这是一项重要的政治权利。我国宪法对保障少数民族以及妇女的权利都有特殊规定。宪法第四条规定："中华人民共和国各民族一律平等。国家保障各少数民族的合法的权利和利益，维护和发展各民族的平等、团结、互助关系。"宪法第四十八条规定："中华人民共和国妇女在政治、经济、文化、社会和家庭生活等各方面享有同男子平等的权利。""国家保护妇女的权利和利益，实行男女同工同酬，培养和选拔妇女干部。"妇女权益保障法也规定："妇女有权通过各种途径和形式，管理国家事务，管理经济和文化事业，管理社会事务。"村委会组织法的这一规定是对宪法有关规定的具体化。

（2）村民自治的实际需要。我国是一个统一的多民族国家。由于历史的原因，民族分布状况形成了大杂居、小聚居的局面，即使是人口较多的少数民族，也是聚居的少，分散杂居的多，形成了你中有我，我中有你，互相融合，互相依存的关系。在我国农村中，多民族村民居住的村有相当数量。一个村有几个民族的村民居住，各民族的习惯和利益存在一定差异。在村民委员会成员中，如果没有人数较少的民族的成员，就不便于村委会开展工作，不便于村民实行自治。同样，村委会成员中如果没有妇女，许多需要发动妇女参加或直接涉及妇女权益的工作就不易开展，也不利于村民自治。

◆ 为什么要对村委会成员给予补贴？

村委会是农村基层自治性组织，不是一级政权，也不属于国家机关。因此，村委会成员有别于政府公务员以及其他国家机关的工作人员，不能从国家领取工资。但村委会成员从事村委会的工作，必然要占用大量时间和精力，应当给予适当的补贴。村委会成员的补贴，可以从村民上交的提留中解决，也可以从集体经济上交村委会的收益中解决。

◆ 对村委会成员补贴的方式有哪些？

补贴方式可以采用固定补贴的办法，也可以采用误工补贴的办法。固定补贴，就是规定一年补多少钱。误工补贴，就是根据村委会成员办理村委会的事务实际占用的工作时间，给予适当补贴。村委会组织法规定，村民委员会成员不脱离生产，根据情况，可以给予适当补贴。如何才能做到适当补贴，应当同本村的经济状况和村委会成员所承担的任务结合起来考虑。一般来说，对村委会成员的补贴，应当大体相当于当地相同劳动力的平均收入。补贴太高，增加村民的负担。补贴太低，影响村委会成员的切身利益，不利于调动村委会成员的积极性，也不利于自治工作的开展。经济状况较好、村民个人收入较高的地区，补贴相应可以高些；反之，补贴相应低一些。村委会成员所承担的任务重的，补贴可以适当高些；反之，可以适当低些。总之，补贴的问题要从实际出发，不应“一刀切”，也不应互相攀比。

◆ 我国村委会发展的历史情况是怎样的？

1980 年广西省宜山、罗城两县的农民自发地组成了一种准政权性质的群众自治组织即村民委员会，至此标志着人民公社化以来的生产大队的行政管理体制开始解体，此时的村委会的功能在此只是协助政府维护社会的治安；之后河北、四川等省农村也出现了类似的群众性组织，并且越来越向经济、政治、文化等方面扩展。

1982 年大陆的宪法确认了村民委员会的法律地位，因此为村民自治提供了法律依据。1988 年 6 月 1 日大陆《村民委员会组织法》开始试行，之后约有 60% 的行政村初步实行了村民自治。1998 年《村民委员会组织法》修订稿正式颁布实施，从民主原则到公民行为经历了巨大的历史跨越，也是大陆自农村实行家庭联产承包责任制后政治生活的最大变化。

村委会的作用是什么？

在大陆民主政治建设和民主化道路的起步选择定位上，学术界一直存在争论。究竟是自下而上、先易后难，还是自上而下、先难后易，选择渐进之路还是一步到位的激进之路，多年来一直在探讨。有人认为村不是一级政权，村民自治还是政权之外的改革，而不是政权之内的改革；有的断言“实质意义上的村民自治是不太可能在全国范围内实现的”，另外还有其他很多观点。但不管怎样，村民委员会直接选举为农村政治生活的一次变革，也是农村体制改革的重要环节。

由村民直接投票选举村民委员会主任、副主任和委员，结束了村干部长期以来由上级任命的历史，把村干部的选举任用权交给了村民，打破了人民公社体制和生产大队体制，改变了村干部只接受来自上面的指令、只对上级负责的状况，使村干部有可能倾听来自农民群众的声音和接受村民的监督。理论上村民自己的事情自己决定、自主办理，改变了过去政府包办一切的管理模式，一定程度上推动了农村政治体制改革的深入。

◆ 什么是选举村民委员会的领导机构？

村民委员会换届选举时，县级和乡、民族乡、镇人民政府应当成立村民委员会换届选举领导机构，指导本行政区域内村民委员会换届选举工作。

◆ 选举村民委员会的领导机构的职责有哪些？

（1）宣传有关选举的法律、法规、规章。

（2）制定村民委员会换届选举工作计划并组织实施。

（3）指导村民委员会选举工作。

（4）培训换届选举工作人员。

（5）承办有关选举工作的来信来访。

（6）承办换届选举工作中的其他事项。

◆《村民委员会选举办法》对村民选举委员会的规定有哪些？

村成立村民选举委员会，主持村民委员会选举工作。村民选举委员会由主任、副主任和委员共5人至9人组成，其成员由村民会议或者各村民小组或者村民代表会议推选产生。具体人数由村民会议或者村民代表会议讨论确定。

村民选举委员会成员应当具有较好的政治思想素质，办事公道，作风正派，有一定的文化水平和较强的工作能力。

村民选举委员会成员被确定为村民委员会成员候选人的，其村民选举委员会成员资格自行终止。村民选举委员会成员缺额的，按推选村民选举委员会成员时得票多少的顺序递补。

◆ 村民选举委员会的职责有哪些？

（1）制定选举工作方案。

（2）确定和培训选举工作人员。

（3）负责选民登记，公布选民名单。

（4）组织选民学习有关选举的法律、法规。

（5）组织选民酝酿、提名、确定候选人。

（6）公布候选人名单。

（7）草拟选举办法，确定并公布选举日期、地点。

（8）解答选民询问，受理选民申诉和意见。

（9）主持召开选举大会，组织投票选举，公布选举结果。

（10）总结换届选举工作，向乡、民族乡、镇人民政府上报选举情况，整理并移交选举工作档案。

（11）承办选举工作中的其他事项。

村民选举委员会履行职责，从组成之日起至新一届村民委员会产生后止。

◆ 选民应具备哪些资格？

年满18周岁的村民，不分民族、种族、性别、职业、家庭出身、宗教信仰、教育程度、财产状况、居住期限，都有选举权和被选举权；但是，依照法律被剥夺政治权利的人除外。选民的年龄以身份证或者户籍登记为准，计算年龄的时间截止到选举日。

◆ 怎样进行选民登记？

有选举权和被选举权的村民，一般应当在户籍所在地的村进行选民登记。无法行使选举权和被选举权的精神病患者和无法表达意志的痴呆人员，经村民选举委员会确认，可不列入选民名单。外出 2 年以上的选民，在选举日未能回村参加选举又未委托其他选民代其行使选举权的，经村民选举委员会确认，可不计算在本届选民数内。

户籍不在本村，但在本村居住 1 年以上且尽村民义务的，由户籍所在地村（居）民委员会出具未在户籍所在地参加选民登记的证明，经村民代表会议讨论同意，应予以登记。户籍不在本村，具有大专以上学历或者中级以上专业技术职称以及其他优秀人才，自愿到该村工作和生活并竞选村民委员会成员的，经村民代表会议讨论同意，也可予以登记。

村民选举委员会应当在选举日的 20 日前张榜公布选民名单。村民对公布的选民名单有异议的，可以向村民选举委员会提出。村民选举委员会应当在选举日的 10 日前依法做出决定。村民选举委员会应当在选举日前给选民发放《选民证》。

村民委员会的候选人应当具备哪些条件?

（1）遵守宪法、法律、法规和国家的政策，带头履行村民义务。

（2）办事公道，热心为村民服务。

（3）廉洁奉公，作风正派。

（4）有一定的科学文化知识和工作能力，身体健康，能带领村民共同致富。

◆ 候选人提名有哪些方式?

村民委员会成员候选人由本村选民直接提名，按照下列方式中的一种予以确定：

（1）由村民选举委员会召集全体选民投票，当场唱票、计票，公布提名结果。参加投票的选民应当超过本村全体选民的半数，按得票多少的顺序确定候选人。

（2）以村民小组为单位召集选民投票，参加投票的选民应当超过本组全体选民的半数，在村民选举委员会成员主持下集中各村民小组的选票，统一唱票、计票，公布提名结果。按得票多少的顺序确定候选人。

候选人的名额应当多于应选名额，主任、副主任的候选人数应当比应选人数多一人，委员的候选人数应当比应选人数多 1 人至 3 人。提名村民委员会成员候选人时，应当在同一选票上分别提出，但不得在同一选票上重复提名同一候选人。同一选民提名的候选人数不得多于应选人数。

如果一人同时被提名为两种以上职务的候选人，其高职务得票不能确定为候选人时，应当把高职务得票加到低职务得票中。如果被提名的候选人得票相等并超过规定的候选人名额时，应当对票数相等的候选人再次投票。提名村民委员会成员候选人，不得委托他人投票。

候选人自愿放弃候选人资格的，应当在选举日前以书面形式向村民选举委员会提出，缺额的候选人按提名时得票多少的顺序递补，并予以公布。

◆ 村民委员会的候选人产生后应进行哪些程序?

候选人产生后，村民选举委员会应当在选举日的 5 日前，按得票多少的顺序张榜公布候选人名单。依法确定的村民委员会成员候选人，任何组织或者个人不得调整或者变更。

候选人确定后，村民选举委员会负责向选民介绍候选人的有关情况。投票选举前，候选人可以向选民宣讲任期目标，并应当回答选民提出的问题，但其内容不得违背法律、法规和规章。

◆ 投票选举过程应该注意哪些事项?

村民委员会主任、副主任和委员，实行差额选举。选举村民委员会成员时，可以一次投票分别选举主任、副主任和委员；也可以先选举村民委员会成员，再从中选举主任、副主任。

举行选举时，一般应召开选举大会集中投票；人口较多或者居住分散的，可以设中心投票站和若干个投票分站，由选民在规定的时间内到指定的投票站投票。每个投票站的选举工作人员不得少于5人。

召开选举大会的，应当场推选唱票人、计票人和监票人；设投票站的，应在选举日前由村民代表会议推选出唱票人、计票人和监票人。候选人及其直系亲属不得担任唱票人、计票人和监票人。

选举采取无记名投票的方式进行。每一选民在一次选举中只有一次投票权。选民对候选人可以投赞成票，可以投反对票，可以另选其他选民，也可以弃权。选举会场和投票站应当设立发票处和秘密写票处。选民凭《选民证》依次领取选票，由选民本人到秘密写票处填写选票，然后投票。选民是文盲或者因残疾不能填写选票的，可以由他人按照该选民的意志代为填写选票。

不能到场直接投票的选民，应当在选举日的3日前向村民选举委员会提出书面委托申请并指明委托人，经村民选举委员会同意后领取《委托投票证》。受委托人凭《委托投票证》进行投票。每一选民接受的委托不得超过2人。

投票结束后，集中所有票箱，由唱票人、计票人、监票人当时当众开箱，公开验票、唱票、计票，当场公布选举结果，并当众封存选票。

◆ 怎样确定投票结果是否有效？

每次选举所投的票数，等于或者少于投票人数的，选举有效；多于投票人数的，选举无效。每一选票所选的人数，等于或者少于应选人数的，选票有效；多于应选人数的，选票无效。选票全部无法辨认的，经村民选举委员会确认，全票无效；选票部分无法辨认的，可以辨认的部分有效，无法辨认的部分无效。无效票和部分无效票均计入选票总数。

选举村民委员会主任、副主任和委员使用一张选票的，对同一候选人只能投一次赞成票。同一候选人如果高职务未能当选，应当把高职务得票计入低职务得票中。

选举村民委员会成员，有选举权的村民的过半数投票，选举有效。

◆ 如何对当选情况进行认定？

候选人获得参加投票的选民的过半数选票，始得当选。获得半数以上选票的候选人人数多于应选名额时，以得票多的当选；如果票数相同，不能确定当选人时，应当就票数相同的候选人再次投票，以得票多的当选。

当选人数达到 3 人，但是仍不足应选名额时，不足的名额可以暂缺。如果主任暂缺，由得票多的副主任临时主持村民委员会工作；如果主任、副主任都暂缺，由村民代表会议推选 1 名村民委员会委员临时主持村民委员会工作。暂缺的名额应当在 3 个月内另行选举。

当选人数不足3人,不能组成村民委员会的,不足的名额应当另行选举。另行选举，可以当场举行，也可以在第一次选举日后的 30 日内举行。

另行选举时，根据第一次投票时得票多少的顺序确定候选人，进行投票选举，以得票多的当选，但是得票数不得少于选票的 1/3。

村民委员会成员的选举结果，由村民选举委员会报乡、民族乡、镇人民政府和县级人民政府民政行政主管部门备案。乡、民族乡、镇人民政府和县级人民政府民政行政主管部门应当向当选人颁发省人民政府统一印制的《当选证书》。

◆ 村民委员会选举产生后还须进行哪些程序？

村民委员会产生后，应当在 30 日内推选或者选举人民调解、治安保卫、公共卫生等下属委员会成员。村民委员会下属委员会成员由村民委员会提名，经村民会议或者村民代表会议表决，以村民会议到会人员过半数通过，或者2/3以上村民代表通过。村民委员会成员可以兼任下属委员会的成员。村民委员会的下属委员会成员的任期与村民委员会任期相同。

村民委员会选举应当在省人民政府统一规定的时限内完成。新一届村民委员会选举产生后，上一届村民委员会应当于10日内向新一届村民委员会移交公章、办公设施、财务账目、经营资产、档案资料以及其他应当交接的事项。逾期不交接的，乡、民族乡、镇人民政府可以派人监督交接或者由有关机关依法处理。

◆ 对村委会成员罢免的规定有哪些?

村民委员会成员必须接受村民监督。村民对违法乱纪或者严重失职的村民委员会成员，有权检举或者提出罢免要求。

本村1/5以上的选民联名，可以要求罢免村民委员会成员。罢免要求应当以书面形式向村民委员会和所在乡、民族乡、镇人民政府提出，并写明罢免理由。村民委员会应当在30日内召开村民会议，进行投票表决；要求罢免村民委员会主任时，乡、民族乡、镇人民政府应当派人到会指导。村民委员会拒不召开村民会议表决罢免要求的，由乡、民族乡、镇人民政府督促村民委员会召开村民会议，进行投票表决。

村民会议在讨论表决罢免要求时，被提出罢免的村民委员会成员有权出席会议并提出申辩意见。罢免村民委员会成员，须经有选举权的村民过半数通过。表决结果由村民委员会报乡、民族乡、镇人民政府和县级人民政府民政行政主管部门备案。

村民委员会成员被依法追究刑事责任的，自人民法院判决书生效之日起，其村民委员会成员职务相应终止；被列为犯罪嫌疑人不能履行职责时，其职务暂行中止。

◆ 对村委会成员辞职的规定有哪些？

村民委员会成员要求辞去职务的，应当以书面形式向村民会议或者村民代表会议提出，由村民会议或者村民代表会议讨论确认，并报乡、民族乡、镇人民政府备案。

◆ 对村委会成员补选的规定有哪些？

村民委员会成员出现空缺时，应当在3个月内补选。补选村民委员会成员，依照本办法规定的有关选举程序进行。补选结果报乡、民族乡、镇人民政府备案。补选的村民委员会成员，其任期到本届村民委员会任期届满为止。

◆ 怎样进行选举过程中的监督管理工作？

有下列行为之一的，村民有权向乡、民族乡、镇人民代表大会和人民政府或者县级人民代表大会常务委员会和人民政府及其有关主管部门控告、检举，有关机关应当负责调查并依法处理：

（1）以暴力、威胁、欺骗、贿赂、伪造选票等不正当手段，妨害选民行使选举权和被选举权，破坏村民委员会选举的。

（2）违反本办法，调整、变更村民委员会成员候选人或者指定、委派、撤换村民委员会成员的。

（3）对检举村民委员会选举中违法行为的村民或者提出要求罢免村民委员会成员的村民进行压制、报复的。

（4）破坏村民委员会选举的其他违法行为。

地方各级人民代表大会和县级以上地方各级人民代表大会常务委员

会，要加强对村民委员会换届选举工作的监督检查，保证本办法在本行政区域内的实施，保障村民依法行使民主权利。

◆ 违反上述规定应进行哪些处罚？

以暴力、威胁、欺骗、贿赂、伪造选票等不正当手段当选的村民委员会成员，其当选结果由县级人民政府民政行政主管部门宣布无效。扰乱、破坏村民委员会选举工作，情节较轻的，由乡、民族乡、镇人民政府或者县级人民政府及其有关主管部门进行批评教育；违反《中华人民共和国治安管理处罚条例》的，由公安机关予以处罚；构成犯罪的，由司法机关依法追究刑事责任。

指定、委派或者撤换村民委员会成员的，由行为人的所在单位或者上级机关予以纠正，并追究行为人的行政责任。

◆ 什么是村民代表会议制度？

村民代表会议是经村民会议授权，行使法律、法规规定职权的议事决策机构，它向村民会议负责，在村民会议闭会期间讨论决定村民会议授权的事项。村民会议应当及时向村民代表会议授权。

◆ 村民代表会议得到授权的方式有哪些？

村民会议向村民代表会议办理授权手续，一般应在换届选举期间进行，可以通过召开村民会议进行授权，也可以向村民发放授权书，以表决的形式进行。采用向村民发放授权书形式的，应经过半数村民通过。

授权的内容，除法律、法规规定应由村民会议行使的外，村民会议都可以向村民代表会议授权。村民会议可以将授权内容一次性向村民代表会议授权，也可以分次就一项或若干项内容向村民代表会议授权。

◆ **村民代表会议的性质是什么？**

村民代表会议是村民参与村务民主管理，行使民主决策权利的组织形式。村中的一切重大事情都由村民代表会议讨论决定。

◆ **村民代表会议设立时的注意事项有哪些？**

村民代表会议在村党支部领导下开展工作，支部书记负责召集主持会议。村民代表主要以村民小组为单位，本着就近、合理的原则，一般每 10

户左右推选产生1名村民代表。村民代表会议与村民委员会任期一致，每届任期3年，村民代表可以连选连任。

村民委员会要实行村务公开、民主管理制度，接受村民的质询与监督。

◆ 村民代表会议的召开时间?

村民代表会议一般每季召开1次，每年至少召开2次，必要时可随时召开，由村民委员会负责召集、主持。

◆ 哪些人员应当参加村民代表会议?

村民代表会议应当由2/3以上村民代表出席，方可举行。村民代表会议的主体是由村民推选产生的村民代表，村“两委会”成员和本村的各级人大代表、政协委员可以列席村民代表会议。但村“两委会”成员和本村的各级人大代表、政协委员等不是村民代表的，对会议所形成的决定、决议没有投票权和表决权。

◆ 村民代表会议一般在何种情况下召开?

有下列情况之一的，应当召开村民代表会议：

（1）村党组织、村民委员会、村集体经济组织提议的。

（2）有1/10以上村民联名提议的。

（3）有1/3以上村民代表联名提议的。

村民代表会议议题一般由村党组织、村委会、村集体经济组织提出，也可以由村民或村民代表联名提出，由村党组织统一受理。由村民或村民代表联名提出的议题，需经村党组织审议后列入议题，由党组织召集、召开村党组织和村民委员会联席会议，研究提出具体意见或建议，提交村党员大会或党员议事会讨论，同时广泛征求村民的意见和建议，由村民委员会召集村民代表会议讨论决定。

村民代表举行会议，村民委员会应在会议前 3 日，将开会日期和会议议题公告村民代表，并提供有关材料，征求村民代表的意见。

◆ 村民代表的人数和任期是怎样规定的？

年满 18 周岁，身体健康，具有一定文化程度，拥护党的路线方针政策和国家法律、法规，热爱集体，公道正派，有一定参政议事能力，能正确地行使自己的权利和积极履行应尽义务的本村村民，可以被推选为村民代表。

村民代表由村民按每 5 户至 15 户推选 1 人或者由村民小组推选若干人（人口不足 500 人的村，村民代表人数不少于 20 人；人口 500 人以上的村，村民代表人数不少于 30 人）。村民代表要具有代表性和广泛性，村（组）干部、共产党员可以通过法定程序被推选为村民代表。村民代表中，妇女应当有适当名额。

村民代表由村民委员会颁发当选证书，并向全体村民张榜公布，并报乡、镇（街道）人民政府备案。村民代表的每届任期与村民委员会的任期相同，可以连选连任。

◆ 村民代表应具备哪些条件？

村民代表的条件：

（1）坚持党的基本路线，拥护党和国家的基本方针、政策，热爱党，热爱社会主义。

（2）遵守法纪，没有违反计划生育、社会治安综合治理等有关法律、法规，遵守公共道德和村规民约，倡导社会主义新风尚。

（3）热爱集体，关心和支持集体公益事业，在学习、生产和工作中起带头作用，并积极交纳各项税费。

（4）公道正派，敢讲真话，在群众中具有较高威信，具有一定的文化知识和议事能力。

◆ 村民代表应承担哪些义务？

密切联系村民，积极收集、反映村民意见和要求，及时宣传、执行村民代表会议的各项决议、决定，积极主动地协助村民委员会做好工作。

对个别严重违法违纪不适合担任村民代表的，经村民代表会议讨论可以免去代表资格。缺额的村民代表由原推选户补选。

◆ 村民代表的推选方式是什么？

村民代表的产生，应当采用召开户代表会议或村民小组会议，以无记名投票或举手表决的方式推选产生。户代表会议或村民小组会议推选村民代表，应由 2/3 以上的户代表或村民小组的选民参加，并经到会人员的过半数赞成方能当选。

村民代表当选不足规定的名额，可以就不足的名额进行另行推选。另行推选以得票多的当选，但得票数不得少于参加推选选民的 1/3。

村民代表书面向村民委员会提出不再担任村民代表要求的，经户代表会议或村民小组会议同意，可以不再担任村民代表。

村民代表因故出缺，应当及时补选。补选程序与村民代表的产生程序相同。

村民代表应接受本村民小组选民的监督。有本村民小组 1/3 以上的户代表或选民联名，可以以书面形式要求撤换原推选的村民代表。

◆ 怎样撤换村民代表？

撤换村民代表要求应向村民委员会提出。村民委员会在接到撤换要求的 20 日内，应召开本村民小组或户代表会议或者协助召开村民小组会议进行表决，表决可以采用无记名投票或举手表决的方式。提出撤换要求的村民应当推选代表到会说明撤换村民代表的理由，被提出撤换的村民代表有权出席会议，提出申辩意见。

撤换村民代表，须经本村民小组全体有选举权的户代表或者村民小组的选民过半数通过。

撤换村民代表的户代表会议或村民小组会议未召开之前，被撤换者提出不再担任村民代表的书面要求，并被户代表会议或村民小组会议接受的，撤换程序终止。

◆ 村民代表会议有哪些职权?

村民代表会议经村民会议授权行使以下职权：

（1）听取和审议本村经济社会发展规划及年度工作计划，村庄建设规划及执行情况。

（2）听取并审议村民委员会的工作报告，评议考核村民委员会及其成员的工作。

（3）修订村民自治章程和村规民约。

（4）审议、决定年度财务计划及财务收支。

（5）审议集体经济的运行及其经营管理情况、生产资料的招投标情况、承包经营方案、承包费收缴及合同履行情况。

（6）审议村集体经济收益及其使用情况，集体举债，集体资产处置，以及集体企业的改制方案。

（7）审议集体经济项目的立项以及招标投标、建设承包方案及实施情况。

（8）审议村集体土地、房屋等集体资产的承包和租赁，审议宅基地申报、批准和使用情况。

（9）审议公益事业的经费筹集，包括兴修学校、道路、水利、电力、自来水等村公益事业的经费筹集方案，以及建设承包方案。

（10）审议征用、征收集体所有土地各项补偿费的分配和使用情况。

（11）审议救灾救济、扶贫助残、拥军优属、社会捐赠等项款物的接受、发放和使用情况。

（12）审议上级下拨的补助经费、专项经费的收支情况。

（13）审议农民负担费用情况。

（14）审议村民各种社会保障费的收缴和列支情况。

（15）审议领取村干部误工报酬的人数及标准，以及公务活动方面的开支情况。

（16）审议计划生育指标、落实计划生育节育和计划外生育费的收缴、管理和使用情况。

（17）推选村民选举委员会成员，推选村务公开监督小组和村民民主理财小组成员。

（18）根据上级政府的规定，监督村务公开实施情况及村务公开监督小组和村民民主理财小组的工作。

（19）涉及村集体和村民利益的其他重大事项。

◆ 村民代表会议的议事内容有哪些？

（1）讨论本村年度经济和社会发展规划、工农业生产计划和村庄建设规划。

（2）听取审议村民委员会的年度工作报告和财务收支情况的报告。

（3）讨论人口出生计划及落实措施。

（4）宅基地的划分和使用。

（5）救灾和救济粮、款、物的发放办法。

（6）村民自治各项制度的建立与修订。

（7）对个别严重违法违纪不适合担任村委会成员的撤换与补选，不适合担任村民代表的有权利调整。

（8）村新办企业项目的确定，老企业的扩建与转产。

（9）兴办集体公益事业的有关事项。

（10）各项集体提留的收缴与使用。

（11）其他涉及全体村民利益的重大事项。

（12）村民代表会议的议事内容，由村党支部和村民委员会集体研究确定，如有 1/5 以上村民代表提出问题，也要列入会议内容。

◆ 村民代表会议在决定或决议的讨论方面有哪些规定？

村民代表会议讨论决定村务事项，应当遵循党在农村的方针政策，国家的法律、法规，符合集体和大多数村民的利益，自觉维护农村的改革、发展和稳定。

◆ 村民代表会议在决定或决议的表决方面有哪些规定？

村民代表会议对村务事项的表决，应根据村务的性质，可采用无记名投票或举手表决的方式，采取少数服从多数的原则，过全体村民代表半数通过方为有效。

◆ 村民代表会议在决定或决议的监督和实施上有哪些规定？

村民代表会议所做出的决定和决议应当场宣布，并于 3 日内在村务公开栏或其他适当场合向村民公告，自觉接受群众的监督。村民代表会议做出的决定或决议，由村党组织、村民委员会组织实施，村民委员会和全体村民必须贯彻执行和自觉遵守。并在下次村民代表会议上通报实施情况。

村民代表会议做出的决定或决议，与村民会议的决定或决议相抵触的，村民会议有权按法定程序否决村民代表会议所做出的不适当的决议。村民代表会议依照法律、法规讨论决定村务事项时，村民委员会应当安排专人做好书面记录。记录的内容要详实清楚，实事求是。村民代表会议要有会议记录，工作报告、会议议题、讨论情况、表决结果和通过的决定、决议等要整理立卷存档，并由村民委员会负责妥善保管。

◆ 村民代表会议的议事程序、会议原则和开会时间有哪些规定?

（1）村民代表会议召开之前，村党支部和村委会要召开会议，讨论提交村民代表会议研究的重大事项。

（2）村民代表会议应发扬民主，讨论决定事项采取举手表决或无记名投票的方式形成决定和决议，坚持少数服从多数的原则。村民代表会议讨论重大事项时，必须要有 4/5 以上的代表到会方可开会。决定或决议要有到会代表的 2/3 以上的人数通过，方为有效。

（3）村务公开监督组负责监督村委会对村民代表会议通过决定的办理情况，并向村民代表会议报告决定办理的结果。

（4）村民代表会议一般每季召开一次，特殊情况下或有 1/3 以上提议，可临时决定召开。每次会议应做好记录，归档保存。

◆ 村民代表会议的议事原则是什么?

村民代表会议的议事原则：依法议事，符合上级政策；在利益发生矛盾时要局部利益服从整体利益，保证党和国家政策、法令的贯彻执行和上级任务的完成；决定问题时要少数服从多数；决定一旦形成，任何人无权改变或另做决定。

◆ **村民代表会议与村民委员会是什么关系？**

村民委员会是村民代表会议的执行机构，对村民代表会议负责并报告工作。

◆ **村民代表会议必须坚持的三项制度是什么？**

为保证村民代表会议所做决定的科学性和民主性，必须坚持三项制度：一是村民代表学习制度。每年集中学习两次，不断提高村民代表的政治素质和参政议政能力；二是联系户制度。村民代表要密切联系自己代表的那部分户，经常保持与他们的联系。会前广泛征求他们的建议和意见，会后及时通报村民代表会议的精神；三是记录建档制度。会议要由专人负责记录，会议记录和所有材料留档备查。

◆ 村民代表会议必须坚持做到的“四不批”是什么?

为使村民代表会议制度不流于形式，经与政府各有关职能部门协商，建立制约机制，坚持做到“四不批”：

（1）村办企业上、扩、改项目不经村民代表会议讨论，镇政府不批。

（2）计划生育指标分配，未经村民代表会议讨论，镇计划生育办公室不批。

（3）宅基地的安排，不经村民代表会议讨论，镇土地管理所不批。

（4）救灾、救济粮、款、物的发放，不经村民代表会议讨论，镇民政办不批。

◆ 当前实施村民代表会议制度存在的问题有哪些?

（1）部分基层干部对推行村民代表会议制度心存疑虑。①认为目前法制环境不够完善，村民民主和法治意识欠缺，建立推行村民代表会议制度，转折太快，难以操作；②认为推行村民代表会议制度是多一道程序，增加了基层工作难度，削弱了村党支部的领导地位；③认为村民代表权力太大，且目前村民代表普遍素质不高，党员比例偏少，参政议政能力不强，担心村民代表的议事结果会与党的路线、方针、政策产生偏离。

（2）村民代表存在推选的随意性和作用的不明确性。在某些地方，当地镇、村规定镇以上人大代表、村两委成员、民兵连长等各线负责人为当然代表，甚至扩大到原来的生产队长；有些地方干脆不予推选，直接由当然代表组成；还有部分村受村委会换届选举造成的时间、精力乃至人际关系等等因素的影响，村民代表至今未能推选。另外，一些村民参与不规范，在某种程序上影响了镇村两级对村委会换届选举的整体部署。

（3）议事程序缺乏规范性。①议事程序不统一。有的是由村委会提出议题，直接召开村民代表会议决策；有的先由村党支部提出决策方案，经村两委联席会议讨论后，再交村民代表大会表决通过；还有的则是先由村党支部和党员议事会决策，交村民代表大会通过；②议事会制度不完善。有的村民代表会议一年议十几次、几十次，有的一年只议一次。一些村干部为了少惹麻烦，在处理比较大的村务时，仍然沿用老办法，甚至错误地认为，召开村民代表会议，不仅办不了事，还会把事情弄糟；③缺乏对村民代表参与的正确引导。有的村村民代表参政议政水平较低，对履行村民代表的职责与义务的严肃性缺乏应有的认识，对涉及不合个人意愿、影响本位利益的事项时，或消极地中途退场，或做出明显违背法律法规的决定，现有制度对此缺乏有力的制约。

◆ 怎样完善实施村民代表会议制度？

（1）各级党委政府要加强指导力度，正确引导村民推选代表，建立完善重大村务的决策议事机制，明确村党支部、村委会、村经济合作社、村民代表会议、党员议事会等组织的职能及相互关系，优化组织结构。特别是要进一步理清党支部与党员会议、村民委员会与村民代表会议的对应关系，明确村党支部享有对村内带普遍性、全面性、原则性问题的政治保障权，村委会享有对村内社会事务的发展建议权，村民议事会享有村内重大事项决定权和对村两委的监督权。在此基础上，通过村两委联席会和村民议事会制度，构建双方分工明确，权责清晰，而又相互配合新型工作机制。

（2）健全完善村民代表的推选制度，进一步明确村民代表的职责、当选条件、名额、推选程序、增补罢免等办法。在代表推选的时间上，适当地与村委会选举时间错开，避免短时期内工作量的过度集中。同时，建立对村民代表的教育培训制度，提高他们的参政议政水平和工作责任心。

◆ 什么是村民代表议事会？

村民代表议事会是村民实行自我管理、自我教育、自我服务和民主决策、民主管理、民主监督的一种经常性组织形式。凡涉及村民利益的重大事项，必须按照村民自治的原则，把村民的意见和要求集中起来，除必要时召开全村村民会议和户长会议决定外，可由村民代表议事会讨论决定。

◆ 村民代表议事会由哪些人员组成？

村民代表议事会，由村民代表、村委会成员、村民小组长，在本村的各级人民代表和政协委员组成。

◆ 村民代表议事会的村民代表是怎样选举产生的？

（1）村民代表由村民小组选举产生，一般每 5~15 户推选 1 名代表。选举时必须有该组过半数的村民参加，以到会村民过半数通过有效。

（2）村民代表应有一定的议事能力，作风正派，办事公道，热爱集体，关心村民，反映村民的意见和要求，坚持原则，伸张正义。

（3）村民代表的任期与村委会相同，可连选连任。村民代表受本村民小组村民的监督，对不称职或不具备代表条件的，可由村民小组召集村民会议免去代表资格，另行补选。

◆ 村民代表议事会讨论决定问题的原则是什么？

村民代表议事会讨论决定问题，应符合法律和政策规定，符合广大村民利益，按照少数服从多数的原则，以议事会组成人员过半数通过有效。

◆ 村民代表议事会的组成人员有哪些责任和义务？

村民代表议事会组成人员，出席议事会，行使民主权利，讨论决定各项重大村务，向村民宣传法律法规和党的方针、政策。为村民服务，协助村委会开展工作。

◆ 村民代表议事会的主要内容是什么？

（1）制定修改本村的《村民自治章程》草案、各种制度和村规民约，并提请村民会议讨论决定。

（2）讨论本村的全年工农业生产计划及主要措施。

（3）讨论决定关系全村的各种形式的生产责任制的完善，审查重要经济合同。

（4）讨论决定本村新上、扩建工农业生产建设项目，以及兴办的各种公益事业。

（5）审查当年财务收支预算和上年收支决算，审查提留款、义务劳动投工、各项集体资金的安排和使用情况。

（6）讨论决定机、电、水、村级企业、林业、副业以及其他集体财产、物资的管理使用和生产资料的分配供应，审查救济、救灾款物的发放。

（7）审查人口出生计划指标的安排、落实。

（8）讨论决定村级建设规划和宅基地安排。

（9）讨论决定本村有关教育、卫生、民兵、治安和环境保护等方面的重大问题。

（10）审查其他关系村民利益的重大事项。

◆ 重大村务如何处理？

凡重大村务的讨论，会前由村委会拟出讨论议题，交村民代表征求村民意见，再由村委会提请村民代表议事会讨论决定。

◆ 村民代表议事会的召开时间?

村民代表议事会由村委会召集并主持，原则上每半年至少召开一次。遇特殊情况或有 1/3 以上的村民代表提议也可临时决定召开会议。村民代表议事会制度的执行情况，要纳入村委会工作目标责任制，年终一并考核。

◆ 会议的决定由谁来执行?

村民代表议事会议做出的决定，由村委会负责组织实施，并向议事会报告工作，接受监督。

◆ 对决定事项的公布有哪些方式?

村民代表议事会决定的事项，除由议事会组成人员及时向村民通报外，村委会要利用会议、专栏、广播等形式向村民公告，听取意见，改进工作。

四、村民自治与民主管理

◆ 什么是村民自治?

通俗地说，村民自治就是让村委会在行政隶属上相对独立于政府系统，在国家法律的框架内，村民们用民主的方式自主管理自己的事务，繁荣自己的家园，用对等的政治权力争取和保护自己的利益。

◆ 如何充分调动农民的积极性?

调动农民积极性可以通过以下途径：

（1）建立真正的村民自治机制。没有真正的村民自治，就不能顺利地建设社会主义新农村。

（2）充分尊重农民的自主权，特别是要把决策权交给农民。

（3）建立起农民自我管理、自主发展的长效机制。新农村建设是一项长期的工作，不可能一蹴而就，一劳永逸，需要持久、充分地发挥好农民的主体作用，而要保持农民主体作用的充分发挥，就必须建立一整套长效机制。

（4）建立激励机制。建立一个调动农民积极性，让他们建设自己美好家园辛勤劳动的激励机制。

◆ 新农村建设如何做到充分尊重农民的自主权？

（1）坚持农民“自主申报”。确定示范点，不下硬性指标，不搞人为指定，哪个村庄是否设点由农民群众自己拿主意。

（2）坚持农民“自主建设”。新农村建设具体怎么搞，如采取哪种建设模式、确定哪些建设项目等由农民自己说了算，建设资金由农民自己投入为主，建设施工也由自己投工投劳。

（3）坚持农民“自主管理”。引导成立新农村建设理事会，由理事会全权负责发动群众、筹集资金、组织建设、质量监督、后续管理等工作。其成员全部由农民群众票选产生。

◆ 怎样保障农民自我管理和自主发展？

（1）建立责任目标约束机制。制定一些简单实用、便于操作的“新农村建设理事会章程”、“村规民约”、“门前三包”责任制以及村道养护、公厕管理、庭院保洁等制度，并将相关的目标任务进行细化分解，逐一落实到户甚至人。

（2）建立日常管理投入机制。采取多种办法，筹措解决理事会成员工资和部分公共设施、环境卫生维护管理费用等问题，保证有人管事、有钱办事。

（3）建立活动载体推动机制。普遍开展“卫生庭院”、“星级文明户”、

“文明信用农户”等群众性评比活动。

（4）建立村民权益保障机制。实行新农村建设工作通报制度、村民建议办理反馈制度，保障村民对新农村建设事务的知情权、参与权和监督权。

◆ 什么是“一会两票”村民参政议政民主管理模式?

“一会两票”的核心内容是，对村务要事和群众关心的热点难点问题，由村“两委会”提出议题，并在全体党员和村民代表参加的民主议事会上进行充分酝酿讨论，由党员投建议票、村民代表投决策票的办法形成决议，最后由村“两委”分工负责组织落实。

◆ “一会两票”民主管理模式的操作环节有哪些?

“一会两票”有五个关键操作环节：一是村“两委”提出议题，二是“一会”（民主议事会）讨论议题，三是“两票”（党员建议票和村民代表决策票）做出决议，四是分工执行，五是监督评议。

◆ “一会两票”民主管理模式是怎样产生的?

在民主的实践中学习民主、发展民主，这是“一会两票”民主管理模式产生的基础。税费改革后的农村，社会经济市场化，群众思想多元化，新情况新问题不断增多。“少数人说了算，多数人对着干”，村级组织决定的事，群众不支持，群众想干的事又干不成；党员参与党内活动的多，参与村级事务决策的少，先进性得不到体现；村“两委”“两张皮”，职责不清、各自为政……这种村级事务的决策管理方式与人民群众民主意识和权利意识普遍增强的新形势不适应；党员主体地位缺失与扩大党内民主的新要求不适应；村“两委”并存的村级治理结构缺乏有效统合与村级党组织领导下的村民自治新需要不适应。

种种的不适应，迫使人们寻找和探索一种有效机制，来扩大党内民主带动人民民主，保障人民行使当家作主的权力，维护农民群众的切身利益，“一会两票”民主管理模式就这样应运而生。

◆ **“一会两票”民主管理模式产生的意义是什么？**

（1）它是推进社会主义新农村建设的有效载体。“一会两票”民主管理有利于体现民意，集中民智，保证人民当家做主，调动广大农民群众参与到新农村建设的全过程，充分调动农民群众参与新农村建设的积极性。

（2）它是以党内民主带动人民民主的良好纽带。“一会两票”民主管理模式，是按照先党内后党外、先党员后群众的原则，对村务要事进行民主决策，这一做法大大丰富了民主政治建设的深刻内涵，是以党内民主带动人民民主的良好纽带。

（3）它是推动社会主义民主政治建设的重要基础。“一会两票”民主管理模式是乡村民主化的具体实践，是基层民主政治建设的有益尝试，是推进农村基层民主发展的一个新的生长点。

（4）它是化解社会矛盾、建设和谐乡村的有效手段。实践证明，采取“一会两票”民主决策和管理，使得基层党组织从直接的决策者转变为决策的组织者，由人民群众自己来决策和管理自己的事情，这不但实实在在地做到了“还权于民”，而且提高了决策的科学性和管理的规范性，减轻了基层组织的执政风险，确保了把涉及群众切身利益的好事办好，实事办实。

（5）它是全面加强基层组织建设的关键。实行“一会两票”民主管理，有利于增强党员干部的民主意识和效率意识；有利于激发党员队伍的活力；有利于用规范的制度加强村级班子建设，推进基层党组织的长效机制建设，进一步增强基层党组织的凝聚力和战斗力，巩固党在农村的领导核心地位。

◆“一会两票”民主管理模式的作用是什么？

“一会两票”民主管理模式的作用可以用“四个理顺”进行归纳和总结。

一是理顺了扩大基层民主的思路。它进一步廓清理顺了扩大基层民主的思路和途径，解决了一些阻碍农村发展的棘手问题，畅通了基层民主的渠道。

二是理顺了农村基层组织的职责。通过推行“一会两票”民主管理，实现了农村工作方法和管理制度的有效转变，基层党组织把推动村级事务民主管理和依法办事作为重要职责，积极组织广大村民参与村级重大事情决策和日常管理。

三是理顺了基层干部群众的情绪。通过实行民主管理和民主决策，有效解决了群众关心的热点难点问题，稳定了基层党员、干部和群众的思想情绪，有力促进了农村社会的稳定和谐和新农村建设。

四是理顺了村两委会的关系。通过实行“一会两票”民主管理，把加强党的领导与村民自治通过规范的程序有机结合起来，两委会在村务管理中找到了各自的位置，明确了各自的职责。

◆哪些事项可以通过“一会两票”制来决策？

在实践中，“一会两票”的决策内容是村级基本事务，它包括：制定本村经济和社会发展规划；讨论村级财务预决算；决定村集体经济收入的使用；制定村级基础设施建设方案；决定村民自治章程、村规民约等重要规章制度；对村干部进行民主评议，以及其他涉及村民利益的重大事情。随着机制的不断完善，决策内容将由村级重大事务逐步延伸到涉及农村政治、经济、文化、社会各项基本事务上。

◆ 什么是“三个转变”？

在推行“一会两票”制的过程中，特别要在“三个转变”上下工夫，即由民主决策环节向民主管理全过程转变、由重大事务决策向村级基本事务决策转变、由局部试点向面上推行转变。

◆ 如何实现“三个转变”？

（1）要拓展丰富“一会两票”决策的内容。其主要内容应包括制定本村经济和社会发展规划；讨论村级财务预决算；决定村集体经济收入的使用；制订村级基础设施建设方案；决定村民自治章程、村规民约等重要规章制度；对村干部进行民主评议，以及其他涉及村民利益的重大事情等等。

（2）要规范完善“一会两票”决策的程序。要在认真总结原有操作办法的基础上，进一步规范完善“一会两票”决策的程序，使决策的各个环节既便于操作，又充分体现科学化、规范化、民主化。

（3）要认真把握“一会两票”决策的原则与要求。坚持基层党组织的领导核心地位，坚持依法办事，坚持把民主监督贯彻于民主决策的全过程。

（4）要建立完善相关保障措施。

◆ 如何推行“一会两票”制？

（1）要加强领导。各级党委要充分发挥核心作用，把这项创新工作作为基层党建的重点工作来抓，以基层民主政治建设推进农村基层组织建设、社会主义新农村建设与和谐社会建设。

（2）要加强检查督办。要按照“坚持程序，整体推进”的工作思路，对推行“一会两票”民主管理模式的落实情况进行逐村检查督办，确保不走过场。

（3）要加大创新力度。各级党组织要坚持从实际出发，不断深化内涵，拓展渠道，创新载体和形式，丰富内容，规范程序，推进“一会两票”民主管理模式向纵深发展。

（4）要以推进“一会两票”工作为契机，全面抓好基层组织建设的各项工作。充分发挥党内基层民主建设在加强和改进基层党建工作中的促进作用，全面提高基层组织建设整体水平。

◆ 什么是“民主议政日”活动？

“民主议政日”活动是指以村为单位，每季度至少用一天时间，由村党组织牵头，集中召开党员、村民代表会议，就村内重要事项和群众关注的热点、难点问题进行民主讨论，形成决议、决定，进行村务公开，并抓好各项决议的落实。

◆ 开展“民主议政日”活动的程序有哪些？

（1）会前宣传。各村活动日之前，通过张贴“议村务，求和谐，促发展”、“集中民智，共议大事”等简明扼要、通俗易懂的标语使之家喻户晓。

（2）严格监督。活动日当天，组织在本村居住的党员代表、人大代表和政协委员，以及当地有威信、有影响的知名人士参加活动过程，对活动进行“监督”。

（3）精心指导。由区委组织部和乡镇（街道）指导员深入就活动日的程序、步骤、议题等方面进行指导。

（4）周密组织。活动日前，由村“两委”班子成员、党员村民代表围绕群众关心的热点难点问题，广泛征求群众意见，召开村“两委”班子会议进行研究、确定民主议政的事项、内容和主题，并将议题于会议前一周进行公示，提前告知参会人员，让党员群众对会议议题提前了解，做好议事准备。活动日当天，召开党员村民代表和群众代表会议就征集到的议题进行深入讨论。

（5）落实责任。活动结束后，对会议记录尤其是党员、村民代表表决通过的事项以及村务财务公开等重要内容，及时整理并安排专人建档，建立工作台账，明确责任，限期抓好落实。

◆ 怎样促进“民主议政日”有效开展？

（1）加强组织，做到“三定”，确保活动高标准。一是定时间。以各镇为单位，相对固定时间集中开展“民主议政日”活动，方便党员、群众提前安排好生产、生活，做好参会准备，保证群众“有时间”参政、议政。二是定内容。围绕群众关心、关注的热点、敏感问题，结合涉及发展稳定的重大事项，由党支部提出“民主议政日”活动议题的初步意向，广泛征求党员和村民代表的意见，在此基础上召开“两委”班子联席会议，根据上级党委、政府工作要求和本村党员、村民代表的意见，共同商议确定“民主议政日”活动议题，并以电话、广播、入户告知等有效形式及时通知本村全体党员和村民代表。三是定人员。“民主议政日”参加人员主要包括村两委班子全体成员、全体党员和村民代表，由村党组织和村委会组织实施。

（2）规范“议政”，做到“四有”，确保活动高水平。一是村务工作有汇报，保证群众知情权。二是针对议题有讨论，保证群众话语权。三是重大事项有表决，保证群众决策权。四是落实结果有反馈，保证群众监督权。

（3）强化落实，做到“三动”，确保活动有成效。一是强化指导拉动。

严格落实镇领导干部包村责任制，尤其对重点村、不稳定村格外关注，对活动中可能出现的问题制定有针对性预案，并进行现场指导把关，保证“民主议政日”活动讨论热烈而不失控。二是强化示范带动。推荐一个“民主议政日”活动示范村，组织各镇分管领导和党务干部现场观摩评比，将部分典型示范村“民主议政日”活动的开展情况制成专辑，下发全区各村学习借鉴，发挥典型引路作用。三是强化督导促动。将“民主议政日”活动的开展情况纳入镇、村班子和干部岗位目标责任，作为农村基层组织建设的一项重要内容列入考核指标，与干部奖惩、报酬直接挂钩，强化激励，增强镇、村干部做好工作的责任心。

◆ 什么是村级民主“听证会”制度？

村级民主“听证会”是有别于党员大会、村民会议、村民代表大会的一种新的探索。其基本含义是：在村党支部的领导下，召开会议，通报情况，提案质询，释疑论证，让广大党员、村民与村两委进行民主对话，更好地行使民主决策、民主管理、民主监督的权利，进一步推进农村基层组织建设和民主政治建设。

◆ 村级民主“听证会”制度的实施原因是什么？

实施村级民主“听证会”制度，基于四种因素：

（1）1998年11月《中华人民共和国村民委员会组织法》颁布以后，许多地方在村委会换届中实行了直接选举，部分村新选出的村委会与村党支部不够协调。主要是有的村委会主任认为，自己是全体村民选出来的，代表全村人的利益，可以对重要村务直接拍板决定，不愿接受村党支部的领导和监督，村党支部核心地位受到了挑战。

（2）采用村民大会等形式，虽然有利于加强对村委会的监督，但对村党支部的监督就难以顾及。如果村党支部的工作得不到群众的理解和支持，就会影响党组织的威信。

（3）村级经济日趋雄厚后，村民参政议政积极性普遍增强，村务公开这种缺乏双向交流的静止形式，难以完全满足村民的要求，少数村干部腐败现象引发了村民集体上访，迫切需要一种村干部与村民面对面双向交流的途径。

（4）“四个多样化”条件下，农民对村党组织的依赖性减少，自主性增强，致使党对农民“一呼百应”的那种号召力减弱，村级思想政治工作跟不上形势发展的要求，缺乏针对性和吸引力。为了有效解决上述问题，适应农村发展的新情况，充分发挥村党支部的战斗堡垒作用，密切党群关系，深入推进农村基层组织建设和民主政治建设，有必要推出村级民主“听证会”制度。

◆ 村级民主“听证会”制度的主要做法和特点是什么？

（1）内容丰富，程序规范。《关于实施村级民主“听证会”制度的通知》对村级民主“听证会”的内容、程序、时间及参加对象等做了统一规定。村级民主“听证会”每年至少召开一次，一般安排年初、年中或年终进行，参加对象为本村18周岁以上的党员和村民。由村党支部主持召开，通报村党支部、村委会工作和村级财务收支情况，村两委成员接受党员和村民的质询，并当场解答党员和村民提出的各类问题。对党员和村民提出的提案、意见和建议，能当场解决的立即解决。

（2）乡村联动，周密准备。由镇乡联片领导和驻村干部帮助做好村党支部、村委会工作报告及财务收支情况报告等各项会前准备工作，并以一定形式向村民公布，会前还利用广播、宣传窗等多种形式进行大力宣传。各村在“听证会”召开前的准备工作包括召开村两委会议，总结工作，分析问题，研究下阶段计划，将村党支部、村委会和村财务收支情况报告交给党员和村民征求意见；在“听证会”前5天，将党务、村务和财务收支情况在公开栏上公布，并以党员责任区或村民小组为单位，分发书面提案表，要求10人联名，一事一议，在“听证会”前2天提交村两委，由村两委梳理，并形成回复意见。

“听证会”后，各村召开村两委班子会议，认真梳理党员和村民的提案、意见和建议，研究落实，涉及党务、村务重大事项及时提交党员大会、村民代表会议或村民会议讨论决定，并在一个月内予以反馈和公示。所有提案、意见和建议收集建档，并由乡镇党委政府备案。乡镇党委政府指定专人进行调查核实，对档案不实或村两委解决不力、搞应付的，督促限期整改并向广大党员和村民通报。同时，要求下次村级民主“听证会”对上次“听证会”上提案、意见和建议的答复落实情况进行通报，使村级民主“听证会”制度能前后衔接、环环紧扣，有效地形成回路。

（3）强化领导、整体推进。实施村级民主“听证会”制度，县委书记为组长，县委常委组织部长、县人大副主任、副县长为副组长的推进农村基层组织建设改革领导小组，各乡镇建立以党委书记为组长的领导小组，加强对实施村级民主“听证会”制度的领导。村级民主“听证会”首先各乡镇党委均确定一个试点村，在总结试点经验的基础上，全面推开，形成强劲态势。

◆ 为什么说村级民主“听证会”制度促进了村两委的协调？

会前，村两委共同做好工作报告意见征求、财务收支情况上墙公布、党员和村民提案答复意见等准备工作；会上，共同接受党员和村民质询监督；会后，协同抓好党员和村民提案、意见和建议的落实工作。这就有效地改变了以往村两委相互推诿、办事拖拉、互不通气的状况，增强了共同的荣誉感、责任感和使命感，促进了村两委关系的协调运作。通过面对面提案、质询和论证，加强了村干部与党员、村民间的交流沟通，化解了干群矛盾，增强了工作透明度，有效地防止了村干部腐败行为，减少了上访事件，并及时解决村级热点、疑点、难点问题，进一步增强了以村党支部为核心的村级组织的凝聚力和战斗力。

◆ 为什么说村级民主“听证会”制度激发了党员、村民的民主意识？

民主“听证会”制度要求凡涉及村民利益的重大事项，都必须事先通知村民代表，由村民代表广泛征求和吸取村民的意见和要求后，再召开村民会议讨论决定，使决策能最大限度地集中民智，体现民意，避免决策的重大失误，做到“给群众一个明白，还干部一个清白”，村民心平气顺，党群、干群关系得到有效改善。从而进一步调动了群众参政议政的积极性，激发了农村党员和群众的民主意识，推进基层民主政治建设。

◆ 为什么说村级民主“听证会”制度促进了“两个文明”建设？

（1）村干部通过主持会议、接受党员、村民的监督和面对面质询，当场答复、解答问题，既在复杂环境中增强了驾驭全局工作的能力，又能更加注意廉洁自律。

（2）党员和广大村民的民主意识、政策观念、法制观念的增强，对村干部的领导水平、工作水平提出了新的更高的要求，特别是大部分党员和村民提出的提案、质询的内容有土地、水利、计划生育、社会治安、养老保险等方面，都涉及到一些政策、法律规定或现代科技知识，这就使村干部增强了“危机感”。

（3）为农村优秀人才脱颖而出提供了舞台。一些原先默默无闻的优秀青年通过上台质询、论证，较好地展露了自己的才华，得到了村民的认可，拓展和壮大了村级后备干部队伍的渠道。

（4）一些党员和村民为了有效地监督村干部，在“听证会”上发言有理有据，准备充分，认真学习科学文化知识，从而提高了自身素质。

（5）激发了广大村民代表的参与热情与积极性，自身素质得到进一步提高，决策能力进一步增强。

（6）通过民主监督、面对面质询、论证，集思广益，促进了村级经济和社会各项事业的协调发展，有力地推进了城市化进程。

◆ 什么是村务恳谈会制度？

为推进村级基层民主政治建设，保证村民直接行使民主权利，有效集中民智、反映民情，促进全村改革、发展和稳定，特制定村务恳谈会制度。

◆ 村务恳谈会制度的主要内容是什么？

（1）全村社会经济发展规划及年度计划。

（2）拟发展的重大村经济项目和社会公益福利事业。

（3）财务收支及集体资产经营使用情况。

（4）有关制度的制订及落实情况。

（5）干部群众关注的热点、难点、疑点问题。

◆ 村务恳谈会的参加人员和召开时间有哪些规定？

村务恳谈会的参加对象为本村全体党员、村民代表、村两委成员，本村的市、县、乡党代表、政协委员。

村务恳谈会一般每半年召开一次，安排在年初、年中或年终进行，有条件、村民民主意识强的村可每季召开一次，也可根据需要随时召开。

◆ 村务恳谈会的基本程序与步骤是什么？

（1）召开村务恳谈会前，村两委班子要深入群众调查摸底，充分征求群众意见，摸清一定时期内群众关心的热点问题。调查可以通过个别走访、召开座谈会等方式进行，同时可向有代表性的群众发放《村务提案表》。

（2）在调查分析基础上，村两委班子召开会议确定恳谈会的议题，并围绕恳谈会议题起草工作报告，对群众提案认真进行梳理，形成答复意见。同时，根据村的实际情况确定恳谈会议题、举办时间、地点，并通过广播、公告、村务公开栏张贴等形式向群众公告。

（3）村务恳谈会由村党支部主持召开，主持人一般由村党支部书记担任。恳谈会开始前，先由主持人说明会议的主要议题及有关内容，再由领导做工作报告，然后参加恳谈会的人员依次提问。主持人要根据议题把握讨论交流的重点。对关系村发展的问题，应着重围绕如何科学制订方案、落实措施等环节展开充分讨论。恳谈会要有足够的时间，并要维护好秩序和做好记录。

（4）恳谈会结束后，村两委班子及时召开会议针对提出的问题逐一进行分析归类，按照轻重缓急制订解决的方案，落实措施，明确解决的期限，并将结果在村务公开栏上公布，在1个月内报乡镇党委备案。

◆ 什么是村干部廉洁自律制度？

为规范村干部行为，密切党群、干群关系，根据法律法规和党风廉政建设有关规定，结合实际，而制订本制度。

（1）村干部要严格执行村级财务管理制度，严禁私设账外账、白条入账和侵占、挪用、私存及借用集体资金。

（2）严禁挥霍浪费村集体资金，不得借办事之名利用集体资金外出旅游、办私事、吃喝送礼和相互宴请；村行政性公务招待要严格执行零招待制度。

（3）村集体经济实体的承包出租和村集体重大建设项目的发包，须由村民或村民代表会议表决通过后，进行公开招标。村干部不得利用职权压标或搞低价承包，不得在承包经营中为本人和亲友谋取不正当利益。

（4）村干部应带头遵纪守法，不得在林木砍伐和建房用地安排中，利用职务之便乱占、多占指标和优亲厚友，不准借机接受宴请、收受礼品；不得在招商引资中利用职务之便谋取私利。

（5）村干部不准参加任何邪教组织；不得拉帮结派、参与宗族活动；不得参加赌博、封建迷信活动；不得大操大办婚丧喜庆。

◆ 什么是村委会印章使用管理制度？

村委会对公章的使用管理规定如下：

（1）公章的制发。村委会公章一律由乡（镇）人民政府负责制发。公章要妥善保管，如有遗失要及时向制发机关报告并申请补发，由制发机关登记后办理补发。使用已作废公章的，按私刻公章行为处理。

（2）公章的使用。凡需加盖公章的，一般都应事先由村委会主任签署意见后再盖公章。对证明村民年龄、文化、民族、职业等基本情况的，保管公章人员本着高度负责、实事求是的精神给予办理。凡涉及贷款、承包、担保、对外签订合同等重大问题需使用村委会公章时，应由村民会议或村民代表参加的会议表决通过后方可盖章。如有违规行为的，保管公章人员可有权阻止或拒盖公章。不准非保管人员擅自随身带公章外出。不准保管公章人员家属随便使用公章，严禁白纸盖公章。

（3）公章的保管。村民委员会公章，由村会计专人保管，保管人应严格按规定使用公章，不得借机吃、拿、卡、要，不得乱盖公章，违者按规定予以撤换和处理。

◆ 什么是村两委联章联签制度?

“联章联签”是指村级重大事项均由村党支部和村委会联合盖章或联合签批。

◆ 村两委联章联签制度的使用范围是什么?

“联章联签”范围主要有：

（1）超过财务负责人审批权限的财务开支。

（2）村土地的征用和农村建设宅基地的审批。

（3）计划生育指标的下达。

（4）最低生活保障和救灾救济款的发放。

（5）村集体经济组织的建立和发展变动。

（6）村集体经济项目承包。

（7）基建工程的招标、投标及预决算情况。

（8）村发展规划（包括村庄规划）及年度计划的确定。

（9）其他需要联章联签的事项。

◆ **村两委联章联签制度的程序是什么？**

联章联签程序：一般先由村委会商议、确定初步意见，提交村党支部审议后，再由村“两委”会议研究决定，然后由村党支部、村委会联章联签。需由村民代表会议决定的，按照“先党内后党外，先党员后群众”和民主集中制的原则，将村两委研究的方案，先由党支部召开党员大会讨论通过后，再依法提交村民代表会议讨论确定，然后由村党支部、村委会联章联签。

◆ 重大村务票决制度的范围包括哪些？

（1）数额较大的村集体经费支出。

（2）兴办村生产公益事业的资金和劳动筹集方案。

（3）本村享受固定误工补贴的人数和标准的方案。

（4）村集体重大建设项目资金使用、招投标和承包方案。

（5）村办企业、经济林、果园、鱼塘、荒地等集体经济项目承包和出租。

（6）土地征用及补偿费使用和分配方案。

（7）林木砍伐和建房用地安排方案。

（8）群众关注的其他重要事项。

◆ 重大村务票决制度的参加对象及票决形式是什么？

参加对象为全体村民代表。票决采用召开会议无记名投票的形式，按照少数服从多数的原则，以与会代表的过半数通过方为有效。

◆ 重大村务票决制度的票决程序与步骤是什么？

（1）重大村务决策方案由村委会征得党支部同意或共同商量后向村民代表提出。

（2）村两委应召开专题会议进行讨论研究，充分论证后，形成正式方案，并在 7 天内将议题告知于村民代表。

（3）票决会议由村委会召集和主持，参加的村民代表人数达到代表总数的 2/3 以上方会议有效。表决前，先由主持人说明需表决的事项及有关内容，在会议充分酝酿后，进行投票表决。表决赞成票数超过实到人数一半的，表决通过。

（4）票决结果应当场公布，并在当日或次日在村务公开栏内公开票决会议情况和表决结果。

◆ **重大村务票决制度在决议执行方面有哪些规定？**

（1）票决通过的决议，由村党支部、村民委员会、村经济联合社及其他配套组织根据职责或授权执行。

（2）决议执行由村各公开监督小组、村民代表和村民进行监督。

（3）重大村务执行应确定一名村干部专人负责，办理的结果直接与干部年度报酬和评先推优相挂钩。

（4）对不认真执行本制度，导致决策失误或未按期完成的，视其情节对主要负责人给予相应处分。

◆ **什么是“四议两公开”？**

“四议两公开”即“4+2”工作法，即农村所有村级重大事项都必须在村党组织领导下，按照“四议”、“两公开”的程序决策实施，“四议”：党支部会提议、“两委”会商议、党员大会审议、村民代表会议或村民会议决议；“两公开”：决议公开、实施结果公开。该工作法由河南省南阳邓州市率先提出。“四议两公开”工作法是基层建设的制度创新之举，是党领导的村级民主自治机制的有效实践形式，这种工作法把党的领导与村民自治、党内基层民主与农民主人翁地位融为一体，得到了农村党员、干部和群众的广泛拥护。

◆ **推行“四议两公开”工作法的基本原则和总体要求有哪些？**

（1）基本原则：①坚持党的领导。在村党支部的领导下组织实施，充分发挥村党组织的领导核心作用，建立党领导的村级民主自治机制；②坚持依法办事。严格依照党的有关条例和法律法规，依法组织实施，严格依法办事，推进农村各项工作法制化、规范化；③坚持发扬民主。提高广大农村党员干部群众的民主意识，保障民主权利，依法行使权力，自觉履行义务；④坚持求真务实。坚持一切从实际出发，通过不断创新、完善、发展，努力探索形成一套既符合当地实际、又突出特色的村级民主自治机制。

（2）总体要求：推行“四议两公开”工作法，要全面贯彻党的十七大和十七届三中、四中全会精神，以深入学习实践科学发展观活动为契机，全面加强农村基层组织建设，发展和完善党领导的村级民主自治机制，为巩固党在农村的执政基础，推进社会主义新农村建设提供坚强的组织保证。

◆ “四议两公开”工作法的主要内容是什么？

凡是村级重大事务和与农民群众切身利益相关的事项，都要按照“四议两公开”工作法决策、实施。主要内容包括：新农村建设长期规划和年度工作计划；村集体土地的承包、租赁；公益事业经费筹集、组织实施与管理；集体经济项目的立项、承包及公益事业的建设承包；集体资产购建与处理、集体借贷、集体企业改制；村级建设规划、土地征用及补偿分配、宅基地审报；计划生育、农村低保、新型农村合作医疗等政策和制度的落实；重大救灾救济款物的发放，以及其他应当民主决策的事项。

◆ “四议两公开”工作法的主要程序是什么？

进入决策程序的村级重大事项，按照以下步骤组织实施：

（1）村党支部会提议。村党支部对村内重大事项及关系村民切身利益的重要问题，在广泛听取意见、认真调查论证的基础上，集体研究提出初步意见和方案，使提议符合中央和省、市、县的要求，符合本村发展实际，符合群众意愿。

（2）村“两委”会商议。村党支部组织召开“两委”会议，由支部书记主持，就村党支部提议的初步意见进行充分讨论和发表意见。

（3）党员大会审议。对村“两委”商定的重大事项，提交党员大会讨论审议。

（4）村民代表会议或村民会议决议。党员大会通过的事项，依照有关法律法规规定，在村党支部领导下，由村委会主持，召开村民代表会议或村民会议讨论表决。

（5）决议公开。经村民代表会议或村民会议决议通过的事项，要进行公告。

（6）组织实施决议。决议公开期满后应立即组织实施决议，在实施决议的过程中要按照四步进行。

（7）实施结果公开。决议事项在村级党组织领导下由村委会组织实施，实施进程和结果及时向全体村民公布。

◆ 推行“四议两公开”工作法的方法步骤是什么？

推行“四议两公开”工作法分为三个阶段：

（1）健全机构，宣传发动阶段。各乡镇党委要建立专门机构负责此项工作，制定可操作性强的实施方案，明确分工，责任到人，周密安排部署，召开动员会。同时，要通过电视台、政务信息网、板报、宣传资料、宣传标语等多种形式让广大党员干部群众尽快了解掌握“四议两公开”工作法的内容和实质，为推行“四议两公开”工作法奠定思想基础。

（2）组织实施，全面推行阶段。动员会后，县所有村级组织要全面推行“四议两公开”工作法，所有村级组织重大事项都要按照这一程序决策。乡镇党委要认真研究每个村的具体情况，有针对性地采取措施，确保此项工作扎实开展、顺利推进。在实施过程中，要及时总结工作中的新方法、新措施，力争通过在农村全面推行党领导的村级民主自治机制，为社会主义新农村建设提供新动力，为发展农村基层民主提供好平台，为改进基层干部作风和工作方法提供强有力的抓手，切实增强农村基层党组织的创造力、凝聚力和战斗力。

（3）分析检查，总结经验阶段。全面推行阶段完成后，全县立即进行“回头看”，进入分析检查、总结经验阶段。要对全面推行阶段所遇到的问题以及所开展的工作进行回顾总结，要注重对工作细节以及工作方法的总结。在解决“回头看”中发现的突出问题时要坚持实事求是，尽力而为，量力而行，什么问题突出就解决什么问题，要防止形式主义、短期行为和“形象工程”。要充分听取群众意见，自觉接受群众监督，注重信息的及时反馈，确保“四议两公开”工作开展得扎实有效。同时，要对开展活动的情况在结合自身实际的基础上进行认真总结，重点总结主要做法、基本经验、实际成效和意见建议，并形成科学的总结报告。

◆ 为实施“四议两公开”，农村基层组织要建立健全哪些制度？

（1）健全党员联系群众制度。以服务群众为中心，建立有利于基层组织和党员更好地联系服务群众的网络体系，组织开展党员设岗定责、服务承诺、结对帮扶困难群众等活动，使每个党员都能够从自身条件出发，采取适当方式，有效地联系群众，在帮助群众解决生产生活实际困难中发挥作用，在了解群众意愿、需求，反映群众意见、建议中发挥作用。

（2）健全村民代表联系户制度。严格按照《村民委员会组织法》的规定和要求，把好政治关、能力关、结构关，足额选好村民代表。在此基础上，本着“就近居住、便于联系”的原则，每个村民代表分别联系若干农户，联系户覆盖面要达到100%。村民代表与联系户建立密切的沟通联系渠道，及时了解和反映村民的意愿和要求，提出合理化意见和建议，积极参与村级重大事项民主决策，同时宣传、引导联系户自觉执行各项决议。村民代表不认真履行代表职责的，根据相关规定取消其代表资格，重新推选。

（3）健全民主监督制度。设立村务公开民主管理监督小组和民主理财小组。村务公开民主管理监督小组在村民会议或村民代表会议领导下开展工作，负责监督本村重大事项是否按照“四议两公开”工作法的程序决策实施，并对公开内容的全面性、及时性、真实性监督评议。民主理财小组成员从村务公开民主管理监督小组成员中产生，负责对“四议两公开”通过的村级重大事项的财务收支情况审核把关，并及时向群众公开。建立信息反馈机制，畅通民意渠道，及时收集和受理群众在决策实施过程中反映的意见、建议以及合理诉求，不断完善决策，促进工作的科学运行。

（4）健全责任追究制度。通过“四议两公开”形成的决议不得随意更改，如因特殊情况发生变化确需变更的，要在村党支部领导下，通过村民代表会议或村民会议讨论决定。“四议”讨论决定事项的过程和情况，要形成书面记录并妥善保存。凡不按有关法律法规和决策程序进行决策的，任何组织或个人擅自以集体名义借贷、变更和处置村集体的土地、企业、设备、设施等，均为无效，村民有权拒绝，造成的损失由责任人承担，构成违纪的给予党纪政纪处分，涉嫌违法的移交司法机关依法处理。

◆ 怎样加强推行“四议两公开”工作法的组织领导？

（1）落实领导责任。各乡镇党委要把推行“四议两公开”工作法作为加强农村基层组织建设和第三批深入学习实践科学发展观活动的一项重要内容，切实加强组织领导、规划指导和督促检查。各乡镇要建立专门机构负责此项工作，要强化乡镇党委书记为直接责任人、村党支部书记为具体责任人，一级抓一级、一级带一级、层层抓落实的责任体系，推动“四议两公开”真正落到实处、见到实效。

（2）健全工作机制。要建立健全党委统一领导，组织、纪检、民政、涉农部门共同参与、协调联动的领导体制和工作机制，各部门要各司其职、密切配合，形成推进工作的强大合力。各乡镇党委要对本地“四议两公开”工作开展情况进行调查研究，及时发现问题、完善措施、总结经验、提升水平。要将“四议两公开”工作法与村级议事制度和党务、村务公开有机结合起来，做到相互促进、相互提高。

（3）加强督查指导。县级领导、乡镇领导班子成员都要建立联系点，经常深入联系点村调查研究，具体指导。加大督促检查力度，通过专项检查、观摩评议等方式，及时发现存在的问题、总结经验，不断提升工作水平。每个乡镇都要选树几个推行“四议两公开”工作的先进典型，发挥典型带动作用，推动这项工作全面铺开。将“四议两公开”工作法推行情况作为农村党建“三级联创”考评的一项重要内容，实行目标管理，严格考核奖惩。

（4）强化舆论宣传。要充分利用电视、报纸、网络、板报、标语、喇叭等形式加强宣传引导，组织广大农村党员群众学习掌握“四议两公开”工作法内容、运行程序和工作要求，为这项工作的推行营造浓厚的社会氛围，取得广大群众的积极支持和参与。

（5）注重实际成效。要以科学发展观为指导，把推行“四议两公开”工作法作为第三批学习实践活动第三阶段的重要内容，通过推行“四议两公开”工作法，建章立制，不断增强村级党组织的创造力、凝聚力、战斗力，切实解决群众关心的热点难点问题，有效化解农村基层各类矛盾，进一步密切党群干群关系，保持农村社会和谐稳定，为推动农村经济社会科学发展、加快社会主义新农村建设提供坚强组织保障。

◆ “四议两公开”工作法对村党支部会提议的规定有哪些？

村党支部对村内重大事项及关系村民切身利益的重要问题，在广泛听取意见、认真调查论证的基础上，集体研究提出初步意见和方案，使提议符合中央和省、市、县的要求，符合本村发展实际，符合群众意愿。具体而言，提议前：①广泛征求意见，确定议事事项；②科学论证，规范政策审核；③制定初步方案，报乡镇党委批准、备案。

提议中：①书记主持支委会并介绍情况；②委员充分讨论，修改完善方案；③支委表决提案，形成决议意见。

提议后：形成书面材料并存档。

◆ “四议两公开”工作法对村“两委”会商议的规定有哪些？

村党支部组织召开“两委”会议，由支部书记主持，就村党支部提议的初步意见进行充分讨论和发表意见。根据不同情况，可采取口头、举手、无记名投票等方式表决，按照少数服从多数的原则形成商议意见。具体而言，商议前：①书记、主任沟通提议内容；②发放书面议题，两委成员酝酿。

商议中：①支部书记主持“两委”会，并通报提议意见；②“两委”充分讨论，可邀请专家参加；③修改补充完善方案；④“两委”表决方案，形成商议案。

商议后：党支部主动做好未同意“两委”委员的工作，征得支持。

◆ “四议两公开”工作法对党员大会审议的规定有哪些?

对村“两委”商定的重大事项，提交党员大会讨论审议。召开党员大会审议前，须把方案送交全体党员，在党员中充分酝酿并征求村民意见；党员大会审议时，到会党员人数须占党员总数的2/3以上，审议事项应经到会党员半数以上同意方可提交村民代表会议或村民会议表决；党员大会审议后，村“两委”要认真吸纳党员的意见建议，对方案修订完善，同时组织党员深入农户做好方案的宣传解释工作。具体而言，审议前：村“两委”传达议题，党员思考，并了解民意。

审议中：①召开党员会，书记主持，村主任通报意见、方案；②党员讨论，完善实施方案；③表决实施方案，形成审议意见。

审议后：①“两委”修改完善方案；②党员深入群众中宣传、动员、解释。

◆ “四议两公开”工作法对村民代表会议或村民会议决议有哪些规定?

党员大会通过的事项，依照有关法律法规规定，在村党支部领导下，由村委会主持，召集村民代表会议或村民会议讨论表决。参加会议人数必须符合法律规定，讨论事项必须经全体村民代表或到会村民半数以上同意方可决议通过。具体要求为，决议前：①要告知决议事项的内容；②召开预备会，告知决策动因、事项全景；③征求村务公开监督人员意见。

决议中：①村委会主任主持会议通报决策事项和实施方案；②接受代表咨询，做好详细记录；③进行表决。

决议后：①对通过的事项做好宣传和对不同意见做好解释工作；②未通过事项视情况或终止或暂缓或重新完善进入“四议两公开”工作法决策程序。

◆ **“四议两公开”工作法对决议公开的规定有哪些？**

经村民代表会议或村民会议决议通过的事项，要进行公告。公告的形式：公告采取文字、广播等形式实施。公告的位置：文字公告一律在村级活动场所和各村党务村务公开栏内进行公示，并在公开栏旁设意见箱。公告的时间：公告时间不少于7天。公告过程中，要做好解释工作；对公告内容确有遗漏的、不真实的应重新公布。公告期间，村“两委”成员、全体党员和村民代表要主动深入群众中征求意见建议，并将收集到的意见建议进行认真分析、调查，对决议事项做进一步的补充和完善。公告期间，若发现决议中确实存在重大问题，或必须对决议进行全面修改的，要重新召开党员大会、村民代表会议或村民会议，说明情况，宣布决议无效，待修改完善后重新进入“四议两公开”工作法决策程序。

◆ **“四议两公开”工作法对组织实施决议的规定有哪些？**

决议公开期满后应立即组织实施决议，在实施决议的过程中要按照以下四步进行。一是在村党支部领导下，村委会严格按照最终决议结果有计划、有组织地进行实施。二是接受监督，定期向党员、村民代表通报决策的施行进度、账目、预算。三是在实施中出现问题后，村委会能解决的立即解决，不能解决的提交村党支部按照“四议两公开”工作法程序解决。四是如遇突发问题需变更方案，应及时向村民代表会议和党员大会通报。变化较大的应再次提交村党支部按“四议两公开”工作法程序解决。

◆ **“四议两公开”工作法对实施结果公开的规定有哪些？**

决议事项在村级党组织领导下由村委会组织实施，实施进程和结果及时向全体村民公布。发挥党员大会、村民会议、村民代表会议、村务公开民主管理监督小组、民主理财小组等组织的作用，对实施结果进行审核审查并由村委会及时进行公示。具体要求为：①村务公开监督人员审核审查实施结果；②公示内容要详实、准确、全面；在公示时要设立意见箱，收集党员群众意见建议；③对收集到的群众意见由村委会3日内给以答复；④对村委会解释、答复不满意或村委会不能解决的问题，可提交党员大会审核，村民代表大会讨论、表决，表决结果作为村级最终处理结果。

◆ 什么是村务公开？

村务公开是指村民委员会组织把处理本村涉及国家的、集体的和村民群众利益的事务的活动情况，通过一定的形式和程序告知全体村民，并由村民参与管理、实施监督的一种民主行为。它是农村村务管理的重大改革，适应了家庭承包、统分结合的双层经营体制，符合社会主义市场经济的要求，因此它一诞生便得到了各级党委、政府和党中央、国务院的高度重视和推广。村务公开是人民群众评判农村党风政风好坏的一个重要标志，也是加强基层民主政治建设、政权建设和党风廉政建设的一个基础性工作。

◆ 什么是“世纪之村”村务公开？

“世纪之村”村务公开主要是在各级政府的要求下，凭借网络的公开透明，把需要公开的村务内容全部在网上公开。利用平台的软件技术将农村现有的管理体制和方法整合到一个管理和服务平台之上，使得村委会与广大村民可以通过现代化的网络技术共同治理村务，并同时完成监督监管过程。至于不需要公开或者政策上不允许公开的，全部把它作为一种档案管理起来，供有授权的村务工作者浏览。从而使农村管理率先走上信息化道路。

◆ 村务公开包括哪些栏目?

(1)村情概况——该栏目包括本村概况、领导班子、荣誉展示等栏目，反映村部的实时动态。借助平台更好地对外展示各村情况，村务公开实时反映村部的工作情况，该模块包括年度工作目标、基层组织机构、会议记录等栏目。从而实现无纸化办公，提高政府透明度。

(2)党务公开——记录党员的一些基本情况，比如入党积极分子、党员缴纳党费情况。

(3)计生公开——记录国家及各地的计生政策，方便大家及时了解。

(4)财务公开——通过信息化手段，村财务公开将更加灵活便捷，财务公开的透明度和可信度也将大大提高。可以极大提高人民群众对村财务的监管力度和对村委的信任程度。

(5)服务公开——记录各地的村规民约、发展规划等。

(6)文书档案——村部文书员负责档案的管理工作，该栏目为其提供电子文档的存档，类似硬盘作用。

◆ 村务公开包括哪些内容?

(1)村民会议或者村民代表会议讨论决定事项的实施情况。

(2)村财务收支情况，村集体债权债务情况。

(3)村土地、集体企业和财产的承包、经营和租赁情况。

(4)征用土地各项补偿费分配和使用情况。

(5)宅基地的使用审批情况。

(6)村民承担费用和劳务情况。

(7)水、电等费用的收缴情况。

(8)优抚、救灾救济款物的发放情况。

（9）国家计划生育政策的执行情况。

（10）村干部年度工作目标执行情况和村干部报酬与补贴情况。

（11）村公共设施建设项目的投资和承发包情况。

（12）税费收缴情况和村内“一事一议”筹资筹劳情况。

（13）招待费支出情况。

（14）新型农村合作医疗情况。

（15）涉及本村村民利益，村民普遍关心和要求公开的其他事项。

村务公开的重点是财务公开。主要包括财务计划及实施情况、各项财产、债权债务、收入和支出、收益使用分配、集资项目的收入和使用等群众要求公开的其他财务事项。

◆ 村务公开的形式有哪些？

（1）在固定的村务公开栏，将公开事项逐条予以公布，并设置意见箱。

（2）通过村有线广播、闭路电视，召开村民会议、村民代表会议或民主听证会，以发放公开簿或明白卡等形式进行公布，但不得取代公开栏。

◆ 村务公开的时间是什么？

（1）一般每年定期 4 次，每季度的前 1 个月公布。

（2）下列事项要定期公开：①村干部任期目标、年度工作目标年初公布，完成结果在年底公布；②村财务常规性收支每季度公布一次，专项收支在项目完成后半月内公布；③计划生育相关的生育政策作常年永久性公开，生育审批结果和实际生育结果及计划外生育情况每半年公布一次；④宅基地审批，上报审批前和审批结果各公布一次；⑤水费、电费收缴每月公布一次。

（3）下列事项要随时公开：①经济项目承包；②优抚费、救灾款物的发放；③国家补贴农民、资助村集体的政策落实情况；④需要公开的其他事项。

◆ 村务公开的程序是什么？

（1）村民委员会根据本村的实际情况，依照法规和政策的有关要求提出村务公开的具体方案。

（2）村务公开监督小组对方案进行审查、补充、完善后，提交村党支部、村民委员会集体讨论确定。

（3）村民委员会通过村务公开栏等形式及时公布。

（4）建立村务公开档案备查。

每次村务公开后，应听取村民反映和意见，及时予以解释和答复。绝大多数村民不赞成的事，应坚决予以纠正。

◆ 怎样对村务公开进行监督？

（1）由村民代表会议在村民代表中推选组成一个（5人至7人）村务公开监督小组，在村党支部领导下开展工作，负责村务公开全程监督；同时向村民代表会议负责并报告工作。

（2）村务公开监督小组的职责：认真审查村务公开各项内容是否全面、真实；公开时间是否及时；公开形式是否科学；公开程序是否规范；并及时向村民代表会议报告监督情况。

（3）村民民主理财小组成员负责对本村集体财务活动进行民主监督，参与制定本村集体的财务计划和各项财务管理制度，有权检查、审核财务账目及相关的经济活动事项，有权否决不合理开支。

（4）在村务公开栏旁设立意见箱，由村民委员会负责听取和接受村民群众的意见和投诉，组织调查、核实、提出整改意见，检查落实情况。

（5）接受上级村务公开协调（领导）小组的指导、检查和监督。

（6）对采取不同方式搞假公开的给予通报批评，情节严重的对主要责任人给予纪律处分；对不按规定进行村务公开，造成群众集体上访，产生恶劣影响的，对主要责任人给予党纪、政纪处分。

◆ 什么是农民负担监督管理责任制？

农民负担监督管理责任制是为了减轻农民负担，保护农民的合法权益，调动农民的生产积极性，确保党的减负政令畅通，减轻农民负担工作落到实处而制定的制度。包括领导负责制和部门工作责任制。

实行减轻农民负担党政一把手负责制。各级党政领导一把手要亲自抓，负总责，一级管一级。把减轻农民负担工作作为考核和任用各级领导干部特别是县、乡两级领导干部的一项重要指标。

实行减轻农民负担部门工作责任制。哪个部门加重农民负担，就要追究那里主要领导的责任。凡因加重农民负担受到处分的干部，在规定的期限内不得提拔和重用。

◆ 农民负担监督管理的内容有哪些?

农业税取消后，农民负担监督管理的主要内容包括以下几个方面：

（1）农民承担“一事一议”筹资筹劳等集体资金和劳务的监督管理。

（2）针对农村、农民的行政性事业性收费的监督管理。

（3）生产性、经营性服务收费的监督管理和其他社会负担的监控。

（4）农民负担的督促检查。要求各地不违反中央规定出台加重农民负担的项目，不发生因农民负担引发的严重事件和恶性案件。

◆ 农民负担监督管理制度包括哪几项?

农民负担监督管理制度共有七项：

（1）减负责任档案制度。

（2）减负工作联系制度。

（3）减负工作信息报送制度。

（4）减负工作总结汇报制度。

（5）减负工作督察制度。

（6）减负工作考核制度。

（7）农民负担民主监督制度。

◆ 如何建立健全农民负担监督责任制?

建立健全农民负担监督管理机制应该做好以下四个方面的工作：

（1）继续开展专项管理。

（2）继续严格执行涉农价格收费公示制。

（3）落实党政领导责任制和部门工作责任制，实行违反减轻农民负担政策“一票否决”制。

（4）严格查处各种违法违纪行为，实行责任追究制。

◆ 什么是减轻农民负担“一票否决制”？

减轻农民负担“一票否决制”，就是对因违反减轻农民负担政策而引发严重群体事件、恶性案件或造成重大影响的其他事（案）件的县、乡，由各级农民负担监督管理部门会同纪检、监察部门按照有关规定和程序，取消其在一定时间内获得综合性荣誉和奖励的资格，县、乡党政主要领导不得提拔重用，同时取消其负有责任的党政领导在一定时间内晋职晋级的资格，并给予党纪政纪处分。对发生涉负恶性案件和重大群体性事件的责任单位和责任人，单位3年内不得评先，主要领导5年内不得提拔。

◆ 什么是涉农收费公示制？

为了加强涉农价费监管，制止向农民乱收费、乱涨价，促进农民减负增收，政府具有行政事业性收费的涉农部门（主要包括民政、计生、城建、国土、工商、公安、司法、劳动等部门）和农村各站所，农村中小学，向农民收取水费、电费、邮电资费等经营服务单位，按照县（市、区）物价部门统一制定公示栏或公示牌要求，在农民群众经常聚集的场所和各部门收费执收地点将所收费的项目、标准、收费和价格的批准机关、收费对象、计收单位、举报电话及受理单位和处理承诺公布于众的一种监督制度，就是涉农收费公示制。

◆ 什么是涉农负担政策责任追究制？

涉及农民负担政策责任追究制是指对因农民负担问题引发的恶性案件、严重群体性事件或造成重大影响的其他案（事）件的县（市、区）、乡（镇）的党政主要负责人和对案（事）件发生负有直接领导责任的其他党政领导班子成员，以及有关部门的领导人员和其他直接责任人员给予党纪、政纪处分的追究制度。

◆ 涉农负担政策责任追究的依据是什么？

根据中发办［2002］19号和中纪发［2005］13号文件规定，对违反减轻农民负担法律、法规和政策规定的党政主要负责人和负有直接责任的其他班子成员以及有关部门的领导人和其他责任人员，要实行责任追究。

◆ 什么是涉农收费文件审核会签制？

涉农收费文件审核会签制即面向农民的行政事业性收费，其项目设置、标准的制定和调整，须经省、自治区、直辖市以上人民政府财政、物价主管部门会同农民负担监督管理部门批准，没有经农民负担监督管理部门审核会签的，农民负担监督管理部门有权提请予以废止，未经会签擅自出台的涉农收费文件一律无效。

◆ 什么是农民负担与补贴监督卡制？

为了适应农村税费改革后的新情况，推动减轻农民负担工作的深入开展，将农户家庭基本情况，农民承担的税费和劳务，农户应享受的各种政策补贴，重点涉农税收、价格、收费公示内容，农民的权利和义务及减轻农民负担政策的主要规定，以“监督卡”的形式由省级农民负担监督管理部门统一印制，各级农民负担监督管理部门按要求对“监督卡”认真组织填写，按照规定时间及时发放到农户的一种监督制度。

◆ 什么是农民负担专项检查审计制？

农民负担专项检查审计制，是为了进一步减轻农民负担，加强农民负担规范化、法制化管理，地方各级农村经营管理部门每年对本地区农民负担费用和劳务的提取、管理、使用情况进行专项审计的制度。

◆ 什么是“一事一议”筹资筹劳管理制度？

村内集体生产公益事业建设“一事一议”筹资筹劳管理制度，就是村内进行集体生产公益事业所需资金，不再固定向农民收取，实行“一事一议”。年初由村民委员会提出预算，经村民大会或村民代表大会讨论，按多数人的意见做出决定，经乡镇政府审核报县级农民负担监督管理部门批准。“一事一议”筹资额严格实行上限控制，村内“一事一议”筹资的提取、管理、使用情况，实行张榜公布，村务公开，民主管理，接受群众监督和上级审计。

◆ “一事一议”筹资筹劳应坚持什么原则？

“一事一议”筹资筹劳应当坚持“村民自愿，量力而行，共同受益，民主决策，上限控制，程序规范，使用公开”的原则。

◆ “一事一议”筹资筹劳的议事范围是什么？

对“一事一议”可以议什么，不能议什么的规定，就是“一事一议”的议事范围。“一事一议”筹资筹劳只限于村内兴办小型农田水利基本建设、修建村组道路桥梁、植树造林等集体生产公益事业。涉及几个村共同受益的集体生产公益事业建设项目（如左右岸同渠、上下游共渠的渠道和塘坝的新建、清淤、维护，村连村之间道路的建设、保养等），在征得受益村多数村民同意后，也可以纳入“一事一议”筹资筹劳范围，实行分村议事，分村申报，分村管理所筹资金和劳务，由乡镇政府共同组织施工。

◆ “一事一议”筹资筹劳的议事程序是什么？

“一事一议”的议事程序是实行“一事一议”时必须遵守的议事一般

步骤。“一事一议”的议事程序是：村民委员会在广泛听取村民意见的基础上，年初由村党支部提出符合“一事一议”范围的筹资筹劳预案，预案经村民小组组长、党员会议初审通过后形成正式议案，印发给全体村民酝酿讨论，在充分酝酿讨论的基础上，适时召开有本村 18 周岁以上过半数村民参加的村民会议或本村 2/3 以上农户代表参加的村民代表会议进行审议和表决，所议事必须经半数以上的到会村民或 2/3 以上到会农户代表投票赞成并签字认可后形成筹资筹劳决议。

◆ “一事一议”筹资筹劳能用于哪些方面？

“一事一议”筹资筹劳可用于也只限用于村内兴办小型农田基本水利建设、修建村组道路桥梁、植树造林等集体生产公益事业。

◆ “一事一议”筹资筹劳不能用于哪些方面？

不能纳入“一事一议”筹资筹劳范围的事项有：

（1）非本村的集体生产公益事业建设所需资金和劳务（如水利干渠、支渠的修缮、清淤，乡到村的公路修建等）。

（2）农村电网改造、学校危房改造、五保户保养、村组干部报酬、畜禽防疫和水利工程、电费等有明确经费渠道及确定收费对象和开支规定的资金和劳务。

（3）偿还村级债务、兴办企业亏损等不属村内集体生产公益事业的资金和劳务。

◆ “一事一议”筹资筹劳的最高限额是多少？

“一事一议”筹资按人口计算，每人每年不超过 15 元（属国家和省扶贫开发重点县的，原则上不向村民筹资）；所筹劳务按本村劳动力计算（男性 18 周岁至 55 周岁、女性 18 周岁至 55 周岁），每年每个劳动力最多不超过 10 个工日。

◆ 如何申报审批“一事一议”筹资筹劳项目?

申报审批“一事一议”应按下列要求进行：经村民会议或村民代表会议讨论通过的“一事一议”筹资筹劳决定形成后，村民委员会按规定填写由省农民负担监督管理领导小组办公室统一监制的村内兴办集体生产公益事业“一事一议”筹资筹劳申报审批表（一式三份）、村民（代表）会议“一事一议”筹资筹劳决议，连同会议记录、村民或农户代表签字盖章原件等相关资料，报乡镇农民负担监督管理部门初审，经乡镇人民政府审批并报县级农民负担监督管理部门批准。

◆ “一事一议”筹资筹劳的费用如何征缴管理?

“一事一议”所筹资金由村民委员会依卡收取，并向出资人出具合法票据，收取的资金按财务管理规定须于 3 个工作日内缴付乡镇经营管理站，实行村由乡代替，逾期不缴的，视情节轻重分别按挪用、侵占、贪污惩处。

◆ 对违反“一事一议”筹资筹劳规定的情况如何处理?

违反“一事一议”筹资筹劳规定（包括未经村民会议或村民代表会议讨论通过；经村民会议讨论通过；经村民会议或村民代表会议讨论通过但未按有关程序申报、审议、批准；经有关程序申报、审议、批准但又擅自增项加码；未按规定填制、发放农民负担监督卡），强行向农民筹资筹劳的，县（市、区）以上农民负担监督管理部门应责令其按期限将违反规定收取的资金退还给农民，或按照当地劳力工价标准给出工农民以相应补偿。逾期不予退还或补偿的，县（市、区）以上农民负担监督管理部门可以划拨责任单位款项，并可依照有关规定给予责任单位经济处罚或提请纪检、监察机关对直接责任人和主管领导给予党纪政纪处分。对因违反“一事一议”审议程序而引发涉及农民负担的严重群体事件和恶性案件的地方和责任人，按有关规定实行农民负担“一票否决制”。

◆ 什么是“一事一议”筹资筹劳决算公布制度？

“一事一议”筹资筹劳项目实施后，按规定的程序、内容向村民予以公布的制度，就是决算公布制度。“一事一议”筹资筹劳项目实施完成后，村民委员会须在30个工作日内办理好项目决算，并向村民主理财小组和乡镇经营管理部门提交决算报告，经村民主理财小组审查通过和乡镇经营管理站审定后，向村民予以专项公布。公布的重点是：计划筹资筹劳情况、实际筹资筹劳情况、减免情况、资金使用详细项目及金额等。属于跨年度“一事一议”计划的决算，可采取分阶段决算和一次性决算的方法执行。

◆ “一事一议”筹资筹劳审计监督的内容是什么？

各级农民负担监督管理领导小组办公室具体承担“一事一议”筹资筹劳的审计监督职能，其审计监督的内容是：“一事一议”筹资筹劳程序是否合法（是否经过村民会议或村民代表会议讨论通过，经村民会议或村民代表会议通过但是否按有关程序申报、审议、批准），是否擅自增项加码，是否按要求填制、发放农民负担与补贴监督卡等。

◆ 村集体经济组织重大财务决策的最高权力机构是谁？

农村各集体经济组织的成员大会或成员代表大会，是决定该集体经济组织重大财务活动各财务事项的最高权力机构。凡关系集体经济组织各成员切身利益的事项，如集体土地征用、变卖、出租，集体企业改制，干部报酬，大、中型固定资产的变卖和报废处理，“一事一议”筹资筹劳等重大事项，都必须经农村集体经济组织成员大会或成员代表大会讨论决定。

◆ 为什么要进行村级财务公开?

全面实行财务公开，是搞好农村集体财务管理的重要环节，也是民主化、法制化建设的重要内容。坚持民主理财和财务公开制度，可杜绝村干部乱花钱和不合理开支等现象，增强农村集体财务管理工作的透明度。通过民主理财和财务公开，把集体的家底亮出来，打消了群众的疑虑，给群众一个“明白”，还干部一个“清白”，促进党群、干群关系的改善，促进农村稳定和农村经济的发展。

◆ 村级财务公开的主要内容有哪些?

村集体经济组织财务公开的内容包括:财务计划、各项收入、各项支出、各项财产、债权债务、收益分配及农户承担的水费、电费和“一事一议”资金等。财务公开一般采取分类的方式进行。

（1）收入事项：一是集体经营收入要按项目进行逐笔公布。二是发包及上交收入，要按所承包项目的数量、承包金额、已上交金额逐笔公布，对未兑现的要说明原因。三是其他收入及投资收益，按类别逐笔公布。

（2）支出事项：一是村集体经济经营支出要按项目进行逐笔公布。二是管理费和其他支出要逐笔公布，干部工资要明细到人，对工资标准和支付情况要专榜公布。

（3）其他事项：一是固定资产、存货要按明细科目公布其增减变动情况。在建工程要公布预算、决算情况及目前的支出情况。二是债权、债务要公布到单位和个人，新增加的要具体说明。三是“一事一议”资金的收取、使用、结果情况要进行专榜公布。四是村级土地被征用或拍卖的，要将全部情况专榜逐笔公布，并附有详细说明。五是村民反映强烈或有异议的村级财务事项要专榜逐笔公布。

◆ 为什么要进行“村账站代管”？

村账站代管是指在不改变村级资产所有权、审批权、收益权、处置权的前提下，由乡镇代管账和监督资金使用的行为。进行村账站代管，主要有以下原因：

（1）多年来农村财务审计证明，村干部乱开支、滥补贴、打白条挪用、扯由头贪污的现象十分突出。

（2）村干部改选频繁，村秘书换得较勤，业务水平不高和责任意识薄弱导致村级账目混乱，特别是村民最关心的往来账，错、漏、重、混，债权、债务难以认定，群众意见非常大。

（3）村账乡镇站代管能较好地对村干部财务行为实行事前监督，引导村民行使民主权利，避免了村级财务乱了清、清了又乱的现象。

◆ 实行“村账站代管”必须坚持哪些基本原则？

（1）会计工作的及时性。乡（镇）经管站要及时组织做好会计工作。

（2）支出报账的定时性。及时结报支出，确保支出的真实性。

（3）大额开支的民主性。对于大额开支，由村委委员提出申请，经村民主理财小组核定，报乡镇经管站审批后，方可开支。

（4）业务核算的程序性。严格执行结报程序、记账程序、算账程序和报账程序。

（5）防治腐败的必要性。做到事前、事中和事后监督，防止村干部违法行为的发生。

（6）财务结果的公开性。对村级财务收支状况及时进行公开，张榜公布，接受群众的监督。

◆ 什么是农村集体经济审计？

农村集体经济审计是一种经济监督。它是由农村经营管理部门或农村集体经济审计机构及农村集体经济组织内部审计组织，依据国家法律、法规和规章的规定，运用审计的方法，按照规定的程序，对农村集体经济组织及其所属单位的财务收支和经营管理活动的真实性、合法性和效益状况进行审查，并评价其经济责任，对审查结果做出公正结论，以达到严肃财经纪律，改善财务管理水平，提高经营管理质量，维护集体经济组织利益的目的。

◆ 农村集体经济审计的范围有哪些?

农村集体经济审计的主要对象是乡（镇）、村集体经济组织以及所属企事业单位的经济活动。具体是:

（1）乡（镇）、村、组集体经济组织及其所属企事业单位，使用、占用集体资产的单位。

（2）使用“一事一议”筹资的单位。

（3）使用“一事一议”筹劳的单位。

（4）本级政府、上级业务部门及审计机构委托的其他被审计单位。

（5）建立土地补偿费用专项审计制度、农村干部任期和离任经济责任专项审计制度、乡村负债专项审计制度。

◆ 为何建立村干部任期届满或离任审计制度?

村干部任期和离任经济责任审计是新时期党中央、国务院赋予农村经营管理部门的一项重要任务和职责。中办发 17 号文件明确要求：“加强对农村集体财务的审计监督。县、乡两级农村集体资产和财务管理指导部门，要切实组织好对农村集体财务的审计监督工作，村干部任期届满或离任时必须审计。”

开展村干部任期和离任经济责任审计，是农村基层干部监督管理工作的一个重要环节，是加强党风廉政建设的重要措施。做好这项工作，有利于促进农民群众选出作风正派、廉洁公正、为农民办实事的村干部，有利于强化村级财务管理的监督约束机制，有利于进一步健全和完善村务公开和民主管理制度，促进以税费改革为主要内容的农村综合改革工作。

◆ 村干部任期届满或离任审计制度由哪些部门承担？

根据农经办［2005］12号《关于做好村干部任期和离任经济专项审计的通知》，村干部任期和离任经济责任审计工作，由各级农村经营管理部门和监察机关、纠风办承担。

◆ 什么是农村管理信息系统？

农村管理信息系统以经营管理子系统为核心，结合人口管理子系统、计生管理子系统、党群管理子系统、资源规划管理子系统、社务管理子系统、村务公开子系统和系统维护子系统8个功能子系统组成。提供强大的数据统计、分析功能，辅助领导决策，实现数据层层上报统计功能，将大大提高农村管理的工作效率和质量。

农村管理信息系统是依据农村工作流程的理论，从农村管理工作的实际出发，为规范农村管理工作，而提供的一种科学、先进、高效、透明的现代化管理工具，它将农村管理干部从大量繁杂的工作中拯救出来，改善了农村管理现状。农村管理信息系统以实现村委会日常办公信息化、自动化为基础，提高了办公效率，降低了管理费用，最终达到辅助管理与决策的目的。

◆ 农村管理信息系统的功能有哪些？

（1）人口管理。人口管理以人口资料为核心，实现人口档案、人口变动、婚姻和计划生育等功能的管理，为领导决策提供科学准确的依据。

（2）党群管理。党群管理是以党员管理为核心，实现党政机构对党员、干部、共青团、妇女委员会、工会的资料信息管理，健全机构管理制度，规范化管理体制。

（3）经营管理。经营管理以农村账务为核心，结合对农村土地、合同和资产管理，实现账套、资金、票据、银行对账、会计核算、报表、固定资产、往来管理、收支预决算等功能的管理，使农村财务管理制度化、规范化和信息化。

（4）社务管理。社务管理以建立合作医疗、养老保险、出租屋、学校等档案资料为基础，结合人口档案资料，实现对社会治安、人民武装、民政事务、社会保障以及教育事业的统一管理。

（5）资源管理。资源管理以土地资源为核心建立土地基本资料档案，实现对土地资源、合同、村民住房、工程招标项目、农业税、非公有制进行归档管理，达到对全村土地资源进行信息化管理的目的。

（6）村务公开。村务公开子系统将村委会的组织结构、任期目标、政策法规等静态管理规定以及村民最关心的财务、计生、土地、农民负担、承包合同等动态信息以浏览器方式向村民公开，村民可以通过触摸屏查询，实现农村的民主管理、民主监督。

（7）系统维护。实现对基础数据的初始化、权限设置、用户管理、系统参数的设置、系统备份恢复等功能。

五、村民政治参与机制体制建设与完善

◆ 什么是公共参与？

所谓公共参与，是普通公民通过各种合法方式参与社会政治生活，并影响政治体系的构成、运行方式、运行规则和政策过程的行为。它是政治关系中政治权利得以实现的重要方式，反映着公民在社会政治生活中的地位、作用和选择范围，体现着政治关系的本质。

◆ 什么是农民公共参与？

所谓农民公共参与，是指农民作为社会生活的主体，为实现一定的利益与要求，通过各种合法方式和途径参与社会生活，并影响政府决策的行为。它是农民权利得以实现的重要方式，反映了农民在社会生活尤其是政治生活中的地位、作用。

◆ 怎样完善农民政治参与的制度建设？

直面当下农民非制度化参与扩大的趋势，加强农民政治参与的制度建设，以化解农民政治参与中的各种矛盾尤为迫切。

（1）进一步完善人民代表大会制度建设，健全候选人制度，保证代表的质量和选民的权利。党的十七届三中全会提出，适当增加农民人大代表的比例，逐步实行城乡按相同人口比例选举人大代表，扩大农民在县、乡人大代表中的比例，尤其是不同阶层农民代表的比例，密切人大代表同农民的联系，给农民更多的政治参与机会。

（2）在村民自治制度方面，全面地落实《村民委员会组织法》赋予农民的各项民主权利，进一步完善村民委员会的选举制度，处理好村民委员会和党支部、乡镇政权的关系，建立健全村务公开和民主监督制度，管理过程中采用监督和评议等手段，形成监督制约机制，制约村官滥用代理权，切实保障农民的政治权益，鼓励农民充分利用已有的制度化参与渠道，维护自己的合法权益。

（3）健全信访制度，拓宽农民表达自身利益的渠道。进一步健全信访制度，加强信访队伍建设、对信访工作人员的失职、渎职行为实施严格的问责制。

◆ 制约我国农民公共参与的因素有哪些？

第一，社会政治环境制约着农民公共参与水平的提高。长期以来，我国农民政治参与实际上被限定在农村社区的范围内，内容也主要涉及农村居民自己的日常事务管理，对乡镇以上层级的政治过程，农民几乎没有机会参与，即使偶尔参与也只是形式上的，农民基本上无法参与国家权力的运作，被排除在整个国家事务管理的进程之外。

第二，农村经济发展缓慢，制约着农民公共参与的积极性。近年来我国农村的经济和社会发展虽然有很大发展，但与城市比较相对缓慢，城乡差距不断扩大，特别是当前农村中还有 3000 万贫困人口，有 6000 万人徘徊在温饱线上，农民的社会挫折感非常强烈，对政策的认同感较低，进而影响其对公共参与的认同。相应地，其参与水平也较低，大多表现为被动性特征，如农民参加投票选举等行为主要是上级号召动员的结果，并非农民自主自觉的行为。

第三，农民的文化素质整体低下，构成农民政治参与的文化障碍。目前，在我国不少农民是文盲，文化素质和思想道德素质相当落后，严重制约着他们政治参与的能力。他们一方面深受传统政治心理的影响，表现在政治参与的被动与盲从，另一方面由于文化知识的欠缺，表现为政治参与的困惑与无奈。这些都使得我国农民视野狭窄，民主知识贫乏，对参政的目的、责任及基本权利缺乏正确认识，对现行政治制度和政治参与程序缺乏足够了解，难以把自身的利益要求转变为政策要求。

第四，政治参与机制和渠道不健全，形成农民政治参与的制度障碍。事实证明，没有一套健全的政治参与机制，便不会有规范的、高水平的政治参与。甚至会表现出非制度化的政治参与，如近年来我国农村中较为突出的暴力对抗、越级上访、甚至围攻基层政府等等，正是农民政治参与机制不健全的表现。

◆ 进一步扩大我国农民有序参与政治要从哪两个方面入手?

第一，提升农民的主体意识和权利意识，使他们真正明白公民参与政治的最终目的是实现幸福生活，而个人的幸福一定要在公共领域中获取和落实。衡量公民能否参与政治的一项重要指标是“理智”，有序参与政治的内在要求具体表现为公民能够对政治决策进行审慎的判断，需要不断提高农民参与政治的综合素质和能力。我国今后应有针对性地建立和完善农民有序参与政治活动的教育培训制度，一方面要加快发展农村职业技术教育，鼓励职业技术学院到农村开办分校；继续抓好并实施“绿色证书工程”、

“跨世纪青年农民科技培训工程”、“农村富余劳动力转移就业阳光工程”和“农业远程培训工程”等四大工程，使越来越多的农民享有平等的受教育机会，以提高广大农民的素质和参与市场分配的能力。另一方面加强对村干部公共政治知识的培训，对新上任的村民委员会主任、党支部书记集中培训，使他们对村民自治、党支部和村民委员会之间的关系问题形成正确的认识，尽量避免日后工作不协调和“搞内耗”的现象发生；加强对农村基层干部的思想政治教育，提高他们严格执行党和国家的路线方针政策的自觉性和主动性。

第二，应积极营造参与型政治文化的良好氛围。中国传统政治文化培养的是依附型、顺从型公民。要彻底摆脱农民群众消极被动的政治心态，需要利用家庭、学校、社会大众传播和网络媒介等途径进行公民权利义务教育，激发农民主动参与公共事务决策、管理、监督的热情，既要使他们懂得如何合法维护自己利益的政治权利，又要使他们懂得如何履行政治义务。同时，要不失时机地向农民进行社会主义、集体主义和爱国主义教育，引导他们正确认识中国的国情，提高政治参与的价值目标层次，把国家利益、民族利益和个人利益统一起来，共同维护当前我国经济社会快速发展和政治安定的大好局面。

◆ 什么是农民有序政治参与？

农民有序参与政治是指个人或团体严格按照宪法和法律规定的渠道、程序和方式参与政治的行为。

◆ 为什么要扩大我国农民有序政治参与？

在我国现实生活中，由于一些地方政府职能由管理型向公共服务型职能转变相对缓慢，基层管理中仍存在漏洞，部分农民个体或集体利益受到损害时，经协商、检举、控告、信访等方式未果，其政治和经济诉求常常得不到满足，而采取非制度、非程序的无序参与行为，甚至因矛盾激化、冲突升级而走上暴力犯罪道路。因此，我国进一步扩大农民有序参与政治，需要在政治实践中根据农民群众日益增长的需要开辟多元化参与的新渠道和新方式，运用现代的科技手段提高农民参与政治的效率和质量。

◆ 怎样扩大我国农民有序参与政治？

第一，要提升农民组织化水平。目前我国制度设计中缺乏多元利益组织参与的通道，农民进行政治参与主要以个体或者小团体为主要形式，导致利益表达难以取得理想的效果。为此，建议在乡村基层建立民间公益性社团和行业协会，暂不搞全国性的农民协会组织；还可以成立其他民间组织，逐步发展代表农民利益的合法性政治团体，形成农民的群体力量，增强农民对政策的影响力。这类组织能承担认真贯彻党和政府的政策和方针，在政府和农民之间起到“桥梁”和“纽带”作用，把农民的各种声音向上传达，对政府决策施加影响和压力。

第二，要发挥大众传媒的功能和作用。大众传媒既是“党政之喉舌”，又是“社会之公器”，是社会各个阶层进行利益表达的舆论汇集平台，在农民参与政治方面具有不可替代的独特作用。今后应改变大众传媒传统的单向式、灌输式的传播模式，扩大公众的参与力度，对受众的意见、尤其对弱势群体的意见要给予应有的社会关注，充分发挥其维护农民利益的表达功能和舆论监督作用。同时要增加涉农媒体，拓宽覆盖范围，关注农民权益，对滥用公共权力的社会丑恶现象进行舆论监督，使之真正成为农民利益有效表达的信息平台。

第三，要加强网络信息化的政治参与。今后应建立规范、高效、透明、低成本的“农村村务管理信息系统”，辅助村民参与村务管理和监督，提高村务公开和民主管理的公开性和透明度，让村民通过“电子触摸屏”就可以查询到村级财务、集体财产、计划生育、工程招标等各个方面的内容，有效制约村干部以权谋私的行为，提高村务管理效率和公共服务质量。同时，各级政府部门和高校、科研等单位应充分发挥网络资源信息优势，开展村务公开和民主管理网络培训以及在线咨询等活动，以灵活的方式和手段对村干部和村民进行理论知识和实践技能的培训，实时解答村务管理中出现的各种问题，为解决村务管理中的各种矛盾和问题提供依据和参考意见。

◆ 如何进一步完善党领导下的农村基层治理体制？

第一，发展和完善党领导的村级民主自治机制。要认真学习贯彻胡锦涛等中央领导同志的指示，总结推广南阳邓州农村创造的“四议两公开”等经验，把加强农村基层民主政治建设同加强农村党支部为核心的村级组织建设结合起来，发展和完善党领导的村级民主自治机制，不断提高村级治理的科学化、制度化、规范化水平。完善村党组织的领导机制，选好配强村党组织领导班子尤其是党支部书记，按照民主集中制原则，完善村党组织议事规则和决策程序，改进村党组织的领导方式和工作方法；完善村“两委”协调机制，进一步明确和细化村党支部和村委会的职责任务，建立健全村“两委”联席会议制度，加强村“两委”之间的团结合作；完善村级党内民主机制，完善村党支部选举制度，建立健全党员大会审议村级重大事项制度，完善村级党务公开制度。

第二，全面加强农村基层组织建设。把加强农村基层组织建设作为乡镇、村学习实践活动的重点；以配强领导班子、提高能力、改进作风为重点，加强乡镇领导班子和干部队伍建设；区别不同情况，有针对性地加强农村基层组织建设。

第三，完善村民自治机制，提高村民委员会自治能力。健全村民会议或村民代表会议审议决定村级重大事项制度，实行村级重大事务决议公开和实施结果公开，完善村民自治的具体制度。随着传统的城乡二元结构被打破，人口流动增多，农村税费制度发生重大变化，村委会组织法亟须修改完善。2009 年 12 月 22 日，十一届全国人大常委会第十二次会议开始对《中华人民共和国村民委员会组织法(修订草案)》进行初次审议。

◆ 什么是我国农民的制度化参与？

制度化参与是指法律规定的农民正式享有的参与政治的机制。主要是投票选举等活动，具体到实际生活中，主要体现在选举人大代表和对村民自治活动的参与。

（1）人大代表的选举活动。根据宪法规定，乡级和县级人大代表进行直接选举，即由公民直接选举出参加县、乡两级人民代表大会的代表。在实际运作中，农民的参选率虽然较高，但实际上农民对此热情并不大。

（2）村民自治活动。实行村民自治以来，这种政治参与活动逐渐受到了社会的重视。“村”是农民的真正的生产生活管理单位，村里的各项活动对农民的切身利益具有至关重要的影响力，关乎村民的切身利益和权益。所以说，直接参与村的管理事宜，才是真正体现农民的政治参与。村民自治包括：民主选举，即选举村民自治组织（村民委员会）领导人；民主决策，即村民集体决定村里的重大公共事务；民主管理，即通过村民代表大会、村民委员会等形式参与村的事务管理；民主监督，即村民通过各种合法的制度渠道，监督自治组织领导人和村的事务的管理。这些活动中最重要的是村民委员会的选举。

◆ 我国农民制度化参与的现状如何？

（1）人大代表的选举活动。首先，人大的权力机关地位在实际运行中并未得到充分体现，人大代表的实际作用相对其职能来看还有很大差距。其次，县、乡两级的人大代表由于选区划分、代表构成等原因，正式候选人往往有很大一部分是农民并不了解和熟悉的县、乡干部，即使这些候选人由农民选为正式代表，他们也并不一定能代表当地农民的利益，农民因此也认为这些事情就是“上边”在“摆形式”、“走过场”。再次，多数农民并没有受过多少教育，民主政治的观念较为淡薄，他们没有真正把政治参与视为自己民主权利的体现，对参与形式及过程并不在意，而对结果却相当关心。但往往这种选举总是不能满足农民的利益要求，因而他们自然不热心于这种选举。所以说，现实社会实际状况，决定了当前人大选举并不是农民心中最重要的政治参与形式。

（2）村民自治活动。村委会的选举是绝大多数农民真正自愿参加的选举活动，因为这种选举活动对于他们具有直接的利益相关性。近年来，村委会的选举逐渐走向成熟，“海选”、竞选等活动不断涌现，选举的一些规定也日趋完善，可以说村民委员会的选举，实际上已经具有相当程度上的农村民主政治的意义。然而，在实际选举过程中，村委会的选举也存在着一定的问题，如乡镇干部的倾向性，农村宗族家族势力的影响等。

◆ 什么是我国农民的非制度化参与?

制度化参与为农民提供了参与政治的渠道，但这些渠道在真正解决农民所面临的许多具体问题时，并不是畅通的。农民为了切实解决这些问题，大多诉诸非制度化的渠道，即通过非制度化参与，处理和解决农民自身生活面临的具体问题。非制度化参与是指不符合制度和程序而进行的影响政治决策过程的行为。

（1）家族或宗族活动。家族制度在中国农村从来没有真正绝迹过。改革开放以来，家族制度在许多地区出现了复兴，作为直接民主的村民自治，在实际运行中由于家族宗族势力的介入，在分散的农民中很容易形成一定的权威或权力中心。

（2）人格化参与。所谓人格化参与，是指主要依靠个人的主观努力，通过各种人际关系活动而进行的政治参与活动，如个人结交、宴请活动等。改革开放以来，农民队伍逐渐形成了拥有各自不同利益的社会阶层，如个体私营业主、乡镇企业员工、村干部、普通农民等。

（3）非正常参与。非正常参与主要包括合法的上访、投诉、法律诉讼以及非法上访、抗议甚至暴力对抗、私人报复、犯罪等活动。

◆ 我国农民非制度化参与的现状如何?

（1）家族或宗族活动。在相当多的农村，家族势力的强弱、人数的多少基本决定了村民委员会的组成，即使由于乡镇政府和村党组织的介入，家族的政治代表未能进入村委会，其仍是一个能够对村委会发起潜在挑战的非正式权力中心。

（2）人格化参与。不同的阶层有着不同的利益取向，由于制度化的政治参与渠道不足以满足他们的利益，他们便借助于一种人格化的方式来参与政治。个体私营业主通过与乡村干部搞好关系，通过亲戚朋友关系找到更大的更可靠的靠山，以谋求得到如供电、供水、税费减免等方面的特殊关照。村干部则竭力搞好与乡镇干部的关系，在村民中通过亲戚朋友形成自己的同盟，维持自己在农村权力结构中的地位。普通农民则希望与村干部搞好关系，以得到某些方面的照顾或免于一些麻烦等等。

（3）非正常参与。上访、投诉、法律诉讼等，均是农民通过合法渠道向上级表达他们的利益诉求的行为方式，这些利益诉求大多是针对村干部贪污、浪费以及对待农民不公，侵蚀农民利益等行为的。但这些诉求往往被乡村干部忽视、误解或错误对待，从而使得农民不得不以法律手段来解决，有时甚至采用非法形式以达到解决目的。

◆ 农民政治参与对我国和谐农村的建设有哪些影响?

第一，农民政治参与有利于促进和谐农村的经济发展。农民的政治参与对农村经济发展的作用，主要体现在农民的思想观念的改变上。通过积极的政治参与增强农民的参与意识，调动农民参与的积极性，促使农民在农村管理及农村经济活动中由被动转为主动，视政治参与为自己的责任、义务，积极主动地参与其中。参与式发展，就是让农民根据本身的实际情况，在积极参与国家扶贫项目的选择、决策、实施等过程中，让农民成为农村经济发展进程中积极、主动的主体，并在与自己切身利益密切相关的项目中发挥主导作用。这样，扶贫项目乃至农村经济发展才能持续而有效益。

第二，农民政治参与有助于和谐农村的民主政治发展。一方面有助于增强政府工作的透明度，有助于政府制定出符合大多数人利益的政策，从而增强人民对政府政策合法性的认同，以确立政府政治权力的正常性及政府活动的合法性，提高政府的信誉度，树立政府的权威性，提升政府的形象。另一方面，在支持政府的前提下，农民政治参与可以让农民的愿望转化为政治需要，进而对政府政策的制定施加影响，这样可以安抚农民，协调城乡之间、工农之间、农民与各方之间的矛盾，最大限度地保护农民利益，有助于社会公平与正义，促进和谐农村建设。

第三，农民政治参与有助于培养农民的先进文化意识，促进和谐农村的精神文明建设。多年来，我国广大的农民在参与农村管理及自身权益维护过程中，许多人表现出听天由命的人生观，老守田园、安土重迁的乡土观等等。这些落后的文化意识，制约了农民个体以及农村整体的发展。农民通过积极的政治参与，把自己塑造成为具有先进文化意识的和谐农村建设的主体，强化了主人翁意识，提高了对国家和社会的责任感，培养了农民宽容的胸怀，提升了协调合作意识，养成了尊重他人合法权利的习惯。

◆ 造成目前我国乡政干预过多的原因有哪些?

乡、村组织各自代表的利益存在差异是造成乡政干预过多的本质原因。乡村关系的紧张除了二者之间的权力运行机制不同，更在于它们的利益分割和争夺，在于它们代表各自利益存在差异。乡镇主要代表国家利益，村民自治主要反映和表达集体和村民的意愿和要求。

◆ 目前我国乡政干预过多的具体表现有哪些？

（1）在财权利益上存在差异。乡镇每年都要将经济社会发展任务细分为若干具体指标，编制一个具体的计划下达到各村执行。计划下达后，都要进行一定的检查、考核和奖惩。村委会为了坚持村民自治就要抵制村民不认同的乡镇的强制性指令和不合乎民意的“死”任务，而乡镇为了贯彻上级的指令和任务就必须干预村民自治的一些事项，这正是乡村关系紧张的关键所在。

（2）在用人权上存在差异。有些乡镇无视《村委会组织法》，直接撤换村委会成员，引起村民的不满；还有极少数乡镇至今仍千方百计又不露痕迹地操纵控制村民选举，把自己喜欢的人选进村委会，把自己不喜欢而村民拥护的人排斥出村委会；还有些乡镇对村委会不理睬、不接触，名曰尊重村民自治，实则否认其存在，采取“晾干”政策。另一方面，一些村委会干部也曲解了村民自治，认为自己是村民选举的，乡镇无权撤换自己，也无权干预自治方面的事项，于是不接受乡镇的指导和帮助，有的还煽动、带领群众与乡镇政府对着干。

（3）村庄社区内部各组织的利益也存在差异。村域内同时设立村党支部、村委会，一些农村还设立村集体经济合作社管委会，两三个村级组织同时并列，共同构成村庄领导集团。这些组织职能交叉重叠，并各自代表不同的利益群体，不可避免地会造成组织之间的权力角逐，发生摩擦和冲突，致使村级领导集团的组织功能受到消耗和削弱。

◆ 怎样通过农村电子政务建设来拓宽农民政治参与渠道？

现阶段乡村中文化程度较高的农民工，为了生活，游离于农村和城市之间，政治参与真空化，而留守村民主要就是老人、妇女和儿童三大人群，整体文化层次偏低，这种情形很大程度上限制了农民政治参与。因此，应为农民政治参与提供低廉、快捷、有效了解公共事务的平台，即农村电子政务建设。但我国相当多的农村地区基层政府电子政务建设仍是“盲点”。在国际信息化的挑战下，要使农村基层政府电子政务建设由“盲点”变为“亮点”，可以做以下尝试：

开通电子上访网站、乡镇信访网站、村务公开网站等，可以在网站中开设以下栏目：村民自治章程或村规民约、民主评议村干部、村民委员会定期报告工作、村干部离任审计制度、财务审计、村务管理等制度，监督村民委员会工作情况和村干部行为。

农村电子政务可以使农民随时获得政府部门发布的公共信息，为农民参与政治提供方便渠道。特别是能照顾到远走他乡的农民工，虽不能亲临现场，但是通过网络就可以参与村庄的公共事务和享受免费提供的公共服务，为他们参与政治提供了方便。同时，农民工在网上能随时了解家乡的变化，从而更加安心工作。

此外，村民委员会选举中“海选”、竞选活动也是拓宽农民政治参与渠道重要方式。

参考文献

[1] 刘卫.《中华人民共和国村民委员会组织法》2010 年 10 月 28 日.

[2] 樊平. 乡村基层组织建设知识. 北京：中国农业出版社，2006.

[3] 崔国强. 新农村经济管理手册（新时期农村工作手册）. 长沙：湖南科学技术出版社， 2007.

[4]张耀光，毛七星. 建设社会主义新农村与加强党的基层组织建设. 北京:社会科学文献出版社，2006.

[5]张湘涛. 中国农村基层民主政治的探索与实践. 长沙: 湖南人民出版社，2003.

[6]李俊伟. 社会主义新农村基层党组织建设. 北京: 中共中央党校出版社，2006.